Josef Ilg

Zwei Charakterbilder aus der altgriechischen Komödie

Josef Ilg

Zwei Charakterbilder aus der altgriechischen Komödie

ISBN/EAN: 9783743484696

Hergestellt in Europa, USA, Kanada, Australien, Japan

Cover: Foto ©ninafisch / pixelio.de

Manufactured and distributed by brebook publishing software
(www.brebook.com)

Josef Ilg

Zwei Charakterbilder aus der altgriechischen Komödie

XLIX. PROGRAMM

des

K. K. GYMNASIUMS

zu

BRIXEN.

Inhalt.

a) **Zwei Charakterbilder aus der altgriechischen Komödie.** Von Josef (Jlg.)

b) **Schulnachrichten.** Vom Director.

Ausgegeben am Ende des Schuljahres 1899.

BRIXEN.

Druck von A. Weger's Hofbuchdruckerei.

Zwei Charakterbilder

aus der altgriechischen Komödie.

Einleitung.

In der griechischen Litteratur begegnet uns ein eigenthümliches, hochinteressantes Büchlein, nämlich die Χαρακτῆρες des Theophrast, des berühmten Nachfolgers des Aristoteles in der Leitung der peripatetischen Schule. Wie schon der Titel besagt, enthält diese Schrift Charakterschilderungen, die ins Gebiet der Ethik, zugleich aber auch in das der Poetik einschlagen, aber nicht nach dem Leben, sondern nach der Bühne entworfen.[1]) Es lassen sich daher vielleicht von allen Charakteren des Theophrast in den zwar zahlreichen, aber oft nur zu kurzen und theilweise schwer zu enträthselnden Fragmenten der griechischen Komödie bald vereinzelte, bald zahlreiche Züge nachweisen, und in der That haben einzelne dieser Charaktertypen an Ribbeck und Babick bereits ausgezeichnete Bearbeiter gefunden. Mir möge der Versuch gestattet sein, auf ähnliche Art einige andere Charakterfiguren, die sich allerdings in der uns erhaltenen Sammlung der Χαρακτῆρες nicht finden, durch die griechische Komödie hindurch zu verfolgen, und zwar vorläufig mit der Beschränkung auf die Fragmente der attischen Komiker und auf die beiden Typen des Fischhändlers und Koches, welche zu den am häufigsten wiederkehrenden Charakterfiguren der griechischen Komödie gehören.

Der Fischhändler [ἰχθυοπώλης].

Schon aus dem 6. Charakterbilde bei Theophrast, dem des ἀπονενοημένος, welcher es nicht unter seiner Würde hält, den Fischmarkt zu durchmustern [ἐφοδεύειν τὰ ἰχθυοπώλια. Petersen: Theophrasti characteres, Leipzig 1859 p. 129. 13], ersehen wir deutlich, dass die Fischhändler und ihr Gewerbe bei den alten Griechen keineswegs den besten Ruf genossen. Noch vielmehr bezeugen uns diese Thatsache zahlreiche Stellen aus den erhaltenen Komikerfragmenten, welche sich oft genug mit der Person des ἰχθυοπώλης beschäftigen und ihn nicht gerade in den liebenswürdigsten Zügen schildern.

---

[1]) Cf. Christ: Geschichte der griech. Litteratur, 2. Aufl. p. 496

1*

4

Durch lügenhafte Anpreisung der Ware, durch lautes Ausrufen derselben, was wiederum dem Charakter des ἀπονενοημένος entspricht [κη-
ρύττειν. Petersen: l. l. p. 128. 22], sucht der Fischhändler seine Kunden
zu locken. Süßer als Honig ist bei ihm die kleine, verachtete Sardellenart, welche der Grieche μεμβράς nennt, so dass der Honighändler wiederum gewiss am besten seine Ware anpreisen könnte mit den Worten:
‹Ich verkaufe Honig, duftender als μεμβράδες.›

Dies drückt Antiphanes in der Κρωβύλος ἢ Γάστρων betitelten
Komödie in folgenden Versen aus:

> Ἄτοπά γε κρίττουσιν ἐν τοῖς ἰχθύσιν
> κρίγμαθ᾽, οἳ καὶ νῦν τις ἐκεκράγει μέγα
> μέλιτος γλυκυτέρας μεμβράδας φάσκων ἔχειν.
> εἰ τοῦτο τοιοῦτ᾽ ἐστίν, οὐδὲν κωλύει
> τοὺς μελιτοπώλας αὖ λέγειν βοᾶν θ᾽ ὅτι
> πωλοῦσι τὸ μέλι σαπρότερον τῶν μεμβράδων.

Kock: Com. Att. fr. II. 61. 125.

Wenn der ἰχθυοπώλης faule Fische zu verkaufen hat, so sucht er
diese mit der freundlichsten Miene von der Welt, unter Scherzen und
Lachen, seinen Käufern anzuhängen. Hat er dagegen frische Ware, so
zeigt sich sein wahrer Charakter: Finster und mürrisch begegnet er uns,
trotzig sind seine Augenbrauen zusammengezogen, nicht ein gutes Wort
erhalten wir. Und doch sollte man meinen, es wäre das gerade Gegen-
theil am Platze, dass er nämlich im letzteren Falle lache, im ersteren
aber laut klage.

> Οὐ δεινόν ἐστι προσφάτους μὲν ἂν τύχῃ
> πωλῶν τις ἰχθῦς, συναγαγόντα τὰς ὀφρῦς
> τούτων σκυθρωπάζοντα θ᾽ ἡμῖν προσλαλεῖν,
> ἐὰν σαπροὺς κομιδῇ δέ, παίζειν καὶ γελᾶν;
> τοὐναντίον γὰρ πᾶν ἔδει τούτους ποιεῖν·
> τὸν μὲν γελᾶν, τὸν δ᾽ ἕτερον οἰμώζειν μακρά.

Kock: II. 107. 218.

Überhaupt ist anmaßende Grobheit dem Fischhändler eigen. Tausend-
mal leichter ist es, bei einem Feldherrn der Rede gewürdigt zu werden
und auf jede Frage Antwort zu bekommen, als beim verwünschten
ἰχθυοπώλης auf dem Markte. Wenn der Käufer von den ausgelegten
Waren etwas in die Hand nimmt und bescheiden nach dem Preise zu
fragen wagt, so steht jener zuerst da, stumm wie der sagenberühmte
Telephos, dem das Verbrechen des noch nicht gesühnten Verwandten-
mordes den Mund schließt. Er thut zwar ganz recht daran, meint der
Dichter spöttisch; alle Mörder machen es ja gleich. Von seinem Kunden
nimmt der vornehme Fischhändler überhaupt gar keine Notiz, thut als

ob er ihn weder gesehen noch gehört hätte und klopft ruhig an einem
Meerpolypen weiter. So spannt er die Geduld dessen, der um den Preis
der Fische gefragt hat, auf eine ziemlich harte Probe, bis er sich schließlich dann doch gnädigst herablässt, in halben, abgerissenen Worten zu
erwidern: «Er kommt auf vier Obolen», und wenn der Käufer fragt, wieviel ein anderes Fischlein, die κέστρα koste: «Acht Obolen». Dies alles
muss der bedauernswerte Käufer sich gefallen lassen.

> Πρὸς τοὺς στρατηγοὺς ῥᾷόν ἐστι μυρίαις
> μυρίαις προσελθόντ᾽ ἀξιωθῆναι λόγου,
> λαβεῖν τ᾽ ἀπόκρισιν ὧν ἂν ἐπερωτᾷ τις, ἢ
> πρὸς τοὺς καταράτους ἰχθιοπώλας ἐν ἀγορᾷ·
> οὓς ἂν ἐρωτήσῃ τις ἀναλαβών τι τῶν
> παρακειμένων, ἐκυψεν ὥσπερ Τήλεφος
> πρῶτον σιωπῇ [καὶ δικαίως τουτί γε·
> ἅπαντες ἀνδροφόνοι γάρ εἰσιν ἑνὶ λόγῳ]
> ὡσεί τε προσέχων οὐδὲν οὐδ᾽ ἀκηκοὼς
> ἔκρουσε πουλύποιν τιν᾽, ὁ δ᾽ ἐπρίσθη, καὶ τότ᾽ οὐ λαλῶν ὅλα
> τὰ ῥήματ᾽, ἀλλὰ συλλαβὴν ἀφελών, ἑτέρων
> βολῶν γένοιτ᾽ ἄν· ἡ δὲ κέστρα; ᾽κτὼ βολῶν.᾽
> τοιαῦτ᾽ ἀκοῦσαι δεῖ τὸν ὀψωνοῦντά τι.

Kock: II. 244. 30.

Ähnliche Entrüstung über die Anmaßung und Rücksichtslosigkeit
der Fischhändler zeigt auch ein Fragment aus dem Ἀπεγλαυκωμένος des
Alexis. Schon durch den Hochmuth eines Strategen fühlt sich der Sprecher
dieser Verse unangenehm berührt. Doch findet er es doch nicht gar zu
auffallend, dass ein Mann, der vor allen übrigen Bürgern geehrt wird,
sich auch höher als die anderen dünkt. Wenn aber ein ganz gewöhnlicher Fischhändler stolz die Augenbrauen emporzieht, wenn er einem
Käufer, der sich erkühnt, den Preis zu hoch zu finden, einfach erklärt:
«Entweder kaufe um diesen Preis oder schere dich weiter», so droht
der Ärger den Sprecher unserer Stelle zu ersticken, und den Namen
ἰχθιοπώλης begleitet er mit einem kräftigen Pereat.

> Τοὺς μὲν στρατηγοὺς τὰς ὀφρῦς ἐπὰν ἴδω
> ἀνεσπακότας, δεινὸν μὲν ἡγοῦμαι ποιεῖν,
> οὐ πάνυ τι θαυμάζω δὲ προτετιμημένους
> ὑπὸ τῆς πόλεως μεῖζόν τι τῶν ἄλλων φρονεῖν,
> τοὺς δὲ ἰχθιοπώλας τοὺς κάκιστ᾽ ἀπολουμένους
> ἐπὰν ἴδω κάτω βλέποντας, τὰς δ᾽ ὀφρῦς
> ἔχοντας ἐπάνω τῆς κορυφῆς ἀποπνίγομαι.
> ἐὰν δ᾽ ἐρωτήσῃς 'πόσου τοὺς κεστρέας
> πωλεῖς δι᾽ ὅντας;' 'δέκ᾽ ὀβολῶν' φησίν 'βαρύ·

ὀκτὼ λάβοις ἄν;' 'εἴπερ ὠνεῖ τὸν ἕτερον.'
'ὦ τάν, λαβὲ καὶ μὴ παῖζε.' 'τοσουδί: παράφερε.'
ταῦτ' οὐχὶ πικρότερ' ἐστὶν αὐτῆς τῆς χολῆς;
Kock: II. 303. 16.

Gerne werden wir den letzten Vers, die Frage des vom Fischhändler so geringschätzig behandelten Käufers: «Ist das nicht bitterer
als wirkliche Galle?» mit einem aufrichtigen «Ja» beantworten.

Der bemitleidenswerte Kunde jedoch hat nicht nur Demüthigungen
aller Art vom Übermuthe der liebenswürdigen Fischhändler zu erdulden,
sondern er wird auch noch in jeder Weise übervortheilt und um sein
gutes Geld geprellt.

In den Νεανίσκοι des Antiphanes wird ein Fortschrittler, der nicht
mehr an Gorgonen glauben wollte, beim Anblicke des Fischhändlers
auf dem Markte zur Überzeugung bekehrt, dass es wirklich solche gebe.
Denn sobald er die Fischhändler erblickt, wird er zu Stein, und nur mit
abgewandtem Gesichte kann er mit ihnen reden. Wenn er nämlich sieht
und hört, wie hoch sie ein winziges Fischlein anschlagen, erstarrt ihm
das Blut in den Adern.

Ἐγὼ τέως μὲν ᾠόμην τὰς Γόργονας
εἶναί τι λογοποίημα, πρὸς ἀγορὰν δ' ὅταν
ἔλθω, πεπίστευκ'· ἐμβλέπων γὰρ αὐτόθι
τοῖς ἰχθυοπώλαις, λίθινος εὐθύς γίνομαι.
ὥστ' ἐξ ἀνάγκης ἐστ' ἀποστραφέντι μοι
λαλεῖν πρὸς αὐτούς· ἂν ἴδω γὰρ ἡλίκον
ἰχθὺν ὅσου τιμῶσι, πήγνυμαι σαφῶς.   Kock: II. 79. 166.

Dieses ungerechte Treiben der Fischhändler im Fordern zu hoher
Preise suchte man auch von staatswegen zu beschränken, wie aus einem
Fragmente der Komödie Λέβης des Alexis erhellt. Aristonikos, der gerade
wegen dieser Maßregel als der beste Nomothet gepriesen wird, bestimmte
in einem Gesetze Folgendes: «Jeder Fischhändler, der nach einmal er-
folgter Taxierung des Fisches denselben nachher um einen niedrigeren
Preis verkaufen will, soll sofort ins Gefängnis abgeführt werden.» Diese
auf den ersten Blick etwas sonderbar erscheinende Bestimmung musste
auf dem Fischmarkte bei dieser leicht verderblichen Ware allerdings
ihren Zweck erreichen. Die unverschämten Fischhändler sollten, durch
eigenen Schaden klug gemacht, im Festsetzen der Preise etwas vorsich-
tiger werden, sie sollten zur Überzeugung kommen, es sei besser, gleich
von Anfang an einen annehmbaren Preis zu verlangen, als am Abende
die Fische faul mit nach Hause zu tragen, man sollte in Zukunft auch
Kinder und alte Leute auf den Markt schicken können, ohne Gefahr zu
laufen, ganz ungebürliche Preise zu bezahlen.

Οὐ γέγονε κρείττων νομοθέτης τοῦ ἀλουσίου
Ἀριστονίκου. τίθησι γὰρ νυνὶ νόμον,
τῶν ἰχθυοπωλῶν ὅστις ἂν πωλῶν τινι
ἰχθὺν ὑποτιμήσας ἀποδῷ' ἐλάττονος
ἧς εἶπε τιμῆς, εἰς τὸ δεσμωτήριον
εὐθὺς ἀπάγεσθαι τοῦτον, ἵνα δεδοικότες
τῆς ἀξίας ἀγαπῶσιν, ἢ τῆς ἑσπέρας
σαπροὺς ἅπαντας ἀποφέρωσιν οἴκαδε.
κἀνταῦθα καὶ γραῦς καὶ γέρων καὶ παιδίον
πεμφθεὶς ἅπαντες ἀγοράσουσι κατὰ τρόπον.

Kock: II. 342. 125.

Dass der genannte Aristonikos den Fischhändlern nicht sehr gewogen war, zeigt auch ein zweites Gesetz, welches er gegen sie erließ, das als eine goldene Verordnung sich an seine verschiedenartigen anderen gesetzlichen Bestimmungen anreiht und ihm den Ruhmestitel des besten Gesetzgebers nach Solon einträgt. Aristonikos bestimmt nämlich, dass die Fischhändler nicht mehr sitzend ihren Handel betreiben dürften, sondern beständig stehen müssten, und er droht gar, übers Jahr einen neuen, noch härteren Antrag einzubringen, durch welchen die ἰχθυοπῶλαι gezwungen werden sollten, wie ein deus ex machina ἀπὸ μηχανῆς, das heißt von einer gerüstartigen Maschine aus zu verkaufen, damit sie durch das Unbequeme ihrer Lage die Lust verlören, die Käufer allzulange warten zu lassen.

Οὐ γέγονε μετὰ Σόλωνα κρείττων οὐδὲ εἷς
Ἀριστονίκου νομοθέτης τὰ τ' ἄλλα γὰρ
νενομοθέτηκε πολλὰ καὶ παντοῖα δή,
νυνὶ δὲ καινὸν εἰσφέρει νόμον τινὰ
χρυσοῦν. τὸ μὴ πωλεῖν καθημένους ἔτι
τοῖς ἰχθυοπώλας, διὰ τέλους δ' ἑστηκότας·
εἶτ' εἰς νεώτά φησι γράψειν κρεμαμένους.
καὶ θᾶττον ἀποπέμψουσι τοὺς ὠνουμένους.
ἀπὸ μηχανῆς πωλοῦντες ὥσπερ οἱ θεοί.

Kock: II. 342. 126.

In Anbetracht der übermäßigen Preise, welche die Fischhändler fordern, muss man sich wundern, dass sie nicht alle reiche Leute sind. Denn täglich haben sie wahrhaft königliche Einkünfte und in den Städten sitzend treiben sie fast den Zehent vom Vermögen ein und rauben selbst den ganzen Besitz.

Νὴ τὴν Ἀθηνᾶν, ἀλλ' ἐγὼ τεθαύμακα
τοὺς ἰχθυοπώλας, πῶς ποτ' οὐχὶ πλούσιοι
ἅπαντές εἰσι λαμβάνοντες βασιλικοὺς

φόρους· μόνοι οὐχὶ δεκατεύουσι γὰρ
τὰς οὐσίας ἐν ταῖς πόλεσιν καθήμενοι,
ὕλας δ' ἀφαιροῦνται καθ' ἑκάστην ἡμέραν.

Kock: II. 370. 200.

Auf dem Fischmarkte ist der Käufer aber nicht nur in Gefahr,
für wenige und kleine Fische viel Geld bezahlen zu müssen, sondern er
kann sich auch darauf gefasst machen, schmählich zum Besten gehalten
zu werden. Denn den Fischhändlern gegenüber sind die Poeten, die man
sonst doch auch kühn und gewandt im Erfinden nennt, die reinsten
Stümper, weil sie nichts Neues erfinden, sondern sich immer in dem-
selben Motivenkreise bewegen. Ein schlaueres und verschlageneres Volk
aber als die Fischhändler gibt es nicht. Da es gesetzlich verboten ist,
die trocknenden Fische mit Wasser zu besprengen, so zettelt einer dieser
gottverhassten Leute, sobald er sieht, dass die Fische vertrocknen, unter
den Händlern absichtlich und wohlüberlegt einen Streit an und es kommt
zu einer Schlägerei; gleich als hätte er eine Todeswunde empfangen,
stürzt jener nieder und scheinbar in den letzten Zügen liegt er nun
mitten unter den Fischen. Ein anderer schreit: «Wasser, Wasser!» und
sogleich nimmt einer dieses Gelichters eine Kanne und besprengt den
anscheinend Sterbenden mit einigen Tropfen Wassers, gießt aber alles
übrige über die Fische aus, so dass man nun wieder meinen könnte,
sie seien eben erst gefangen.

Οἱ μὲν ποιηταὶ λῆρός εἰσιν· οὐδὲ ἓν
καινὸν γὰρ εὑρίσκουσιν, ἀλλὰ μεταφέρει
ἕκαστος αὐτῶν ταῦτ' ἄνω τε καὶ κάτω.
τῶν δ' ἰχθυοπωλῶν φιλοσοφώτερον γένος
οὐκ ἔστιν οὐδὲν οὐδὲ μᾶλλον ἀνόσιον.
ἐπεὶ γὰρ αὐτοῖς οὐκέτ' ἐστ' ἐξουσία
ῥαίνειν [ἀπείρηται δὲ τοῦτο τῷ νόμῳ],
εἷς τις θεοῖσιν ἐχθρὸς ἄνθρωπος πάνυ
ξηραινομένους ὡς εἶδε τοὺς ἰχθῦς, μάχην
ἐποίησ' ἐν αὐτοῖς ἐξεπίτηδες εὖ πάνυ·
ἦσαν δὲ πληγαὶ καιρίαν δ' εἰληφέναι
δόξας καταπίπτει καὶ λιποψυχεῖν δοκῶν
ἔκειτο μετὰ τῶν ἰχθύων. βοᾷ δέ τις
'ὕδωρ ὕδωρ'. ὁ δ' εὐθὺς ἐξάρας πρόχουν
τῶν ὁμοτέχνων τις τοῦ μὲν ἀκαρῆ παντελῶς
κατέχεε, κατὰ τῶν ἰχθύων δ' ἀπαξάπαν.
εἴποις γ' ἂν αὐτοὺς ἀρτίως ἡλωκέναι.

Kock: II. 470. 7.

Wenn einmal ein blinder Käufer kommt, so geben ihm diese sauberen, des Verderbens würdigen Gesellen faule Fische, die schon zwei oder drei Tage abgestanden herumliegen. Erst wenn er nach Hause kommt, erkennt der Betrogene am Geruche die Beschaffenheit seines Kaufes und wirft ihn von sich.

> [Ἰχθύες] . . . παραδοθέντες ἄθλιοι
> τοῖς ἰχθυοπώλαις τοῖς κακῶς ἀπολουμένοις
> σῆπον θ', ἕωλοι κείμενοι δι' ἡμέρας
> ἢ τρεῖς· μόλις δ' ἐάν ποτ' ὠνητὴν τυφλὸν
> λάβωσιν, ἔδοσαν τὸν νεκρὸν ἀναίρειν
> τούτῳ· κομίσας δ' ἐξέβαλεν . . . οἴκαδε
> τὴν πεῖραν ἐν τῇ ῥινὶ ὀσμῆς λαβών·

Kock: II. 76. 161, v. 4—10.

Aber nicht etwa bloß in Athen sind diese Fischhändler ein schlechtes Volk, sondern wie die reißenden Thiere sind sie ihrer Natur nach und überall hinterlückischer Art. Da ist einer, der erklärt, er habe seine Haare der Gottheit geweiht und lasse sie deshalb ungeschoren; in Wirklichkeit aber trägt er das Brandmal des Verbrechers auf der Stirne und lässt, nur um dieses zu verdecken, die Locken lang herabwallen. Wenn man ihn fragt: «Wie hoch kommt der λάβραξ (Meerwolf)»? so sagt er: «Zehn Obolen», ohne hinzuzufügen, von welcher Währung. Wenn man ihm das Geld gibt, so verlangt er äginetische Währung, muss er aber etwas zurückgeben, so gibt er leichteres attisches Geld und macht so auch noch bei jedem Auswechseln unrechtmäßigen Gewinn.

> Ὤιμην ἐγὼ τοὺς ἰχθυοπώλας τὸ πρότερον
> εἶναι πονηροὺς τοῖς Ἀθήνησιν μόνοις.
> τόδε δ' ὡς ἔοικε τὸ γένος ὥσπερ θηρίον
> ἐπίβουλόν ἐστι τῇ φύσει καὶ πανταχοῦ.
> ἐνταῦθα γοῦν ἔστιν τις ὑπερχρονικῶς,
> κόμην τρέφων μὲν πρῶτον ἱερὰν τοῦ θεοῦ.
> ὅς φησιν οὐ διὰ τοῦτο γ', ἀλλ' ἐστιγμένος
> πρὸ τοῦ μετώπου παραπέτασμ' αὐτὴν ἔχει.
> οὗτος ἀποκρίνει, ἂν ἐρωτήσῃς πόσου
> ὁ λάβραξ; δέκ' ὀβολῶν οὐχὶ προσθεὶς ὁποδαπῶν.
> ἔπειτ' ἐὰν ἀργύριον αὐτῷ καταβάλῃς.
> ἐπράξατ' Αἰγιναῖον· ἂν δ' αὐτὸν δέῃ
> κέρμ' ἀποδοῦναι, προσαπέδωκεν Ἀττικά·
> καὶ ἀμφότερα δὲ τὴν καταλλαγὴν ἔχει.

Kock: II. 562. 66.

Überhaupt sind die Fischhändler die verächtlichste Sorte von Leuten. Sie übertreffen in dieser Beziehung sogar noch die Bettelpriester der

Göttermutter Kybele, und nur die Geldwechsler machen ihnen den Rang
noch streitig.

> ... Μηταγυρτοῦντάς γε · πολὺ γὰρ αὖ γένος
> μιαρώτατον τοῦτ' ἐστιν, εἰ μὴ νὴ Δία
> τοὺς ἰχθυοπώλας βούλεταί τις λέγειν
> ... μετά γε τοὺς τραπεζίτας · ἔθνος
> τούτου γὰρ οὐδέν ἐστιν ἐξωλέστερον.

Kock: II. 75. 159, v. 8—12.

Sogar die Weiber rühmen sich bei Pherekrates in der Komödie
῎Ιπνος ἢ Πάννυξις, dass niemals eine von ihnen als Fischverkäuferin
gesehen worden sei.

> ... ὑπ' οὐδεὶς οὐδὲ μαγείραιναν εἶδε πώποτε,
> ἀλλ' οὐ μὴν οὐδ' ἰχθυοπώλαιναν.

Kock: I. 162. 64, v. 4—5.

Gleichsam als ob das alte Sprichwort: «Keine Regel ohne Aus-
nahme», sich auch hier bewahrheiten wollte, findet sich an einer ein-
zigen Stelle der in Betracht gezogenen Komikerfragmente ein Lob des
Fischhändlers. Denn hier kauft einer, allerdings nicht von einem ἰχθυοπώλης sondern von einem ταριχοπώλης, der in Pökelfischen handelt, um
zwei Obolen einen eingesalzenen Fisch, der eine ganze Drachme wert
ist, einen Fisch, den zwölf Personen in drei Tagen nicht aufessen. So
gewaltig groß ist er.

> Ἀλλ' ἐπριάμην παρ' ἀνδρός. ὦ γῆ καὶ θεοί,
> ταριχοπώλου πάνυ καλοῦ τε κἀγαθοῦ
> πλτὸν μέγιστον, ἄξιον δραχμῆς, δυοῖν
> ὀβολοῖν. ὃν οὐκ ἂν καταφάγοιμεν ἡμερῶν
> τριῶν ἤδη κατεσθίοντες οὐ δώδεκά γε [1])
> ὑπερμέγεθες γάρ ἐστιν.

Kock: II. 220. 5.

Ob wir dieses überschwängliche Lob nicht etwa ironisch zu fassen
haben?

Fast ausnahmslos gehören die hier behandelten Stellen der mittleren
attischen Komödie an, ein Beweis, dass die Figur des Fischhändlers sich
gerade bei den Dichtern dieser Periode besonderer Beliebtheit erfreute.

---

[1]) Leseart δώδεκα nach Meineke: Frag. com. Graec. Berlin 1841. Kock bietet
hier δδωκα.

Der Koch [μάγειρος].

Fast auf gleicher Rangstufe, wie das Gewerbe des Fischhändlers, erscheint in der griechischen Komödie das des Koches. Denn auch das μαγειρεύειν gehört zu den αἰσχραὶ ἐργασίαι, deren sich der ἀπονενοημένος bei Theophrast nicht schämt. [Λειτὸς δὲ καὶ ... μηδεμίαν αἰσχρὰν ἐργασίαν ἀποδοκιμάσαι, ἀλλὰ ... μαγειρεύειν. Petersen: l. l. p. 128. 20—23]. Ebenso wie die Weiber sich rühmen, nie den Fischhandel betrieben zu haben, so heben sie auch von ihrem Geschlechte lobend hervor, dass man noch nie eine Köchin gesehen habe.

Αὐτίκ' οὐδεὶς οὐδὲ μαγείραιναν εἶδε πώποτε.

Kock: I. 162. 64, v. 4.

Dass der Koch bei den griechischen Komikern eine recht beliebte Figur war, zeigt uns schon der Umstand, dass sein Name als Titel von Komödien erscheint.

Μάγειρος.   Kock: II. 224. 17.

Μάγειροι.   Kock: II. 269. 19.

Noch mehr beweisen die Beliebtheit dieser Figur die verhältnismäßig sehr zahlreichen Komikerfragmente.

Was am Koche der Komödie am meisten hervortritt ist seine Neigung zur Aufschneiderei und die hohe Meinung von seiner Kunst. Im Ἀσκληπιοκλείδης des Alexis rühmt sich der Koch in Sicilien die leckere Zubereitung der Speisen so gut gelernt zu haben, dass die Schmausenden nicht selten vor freudigem Verlangen selbst in die Schüsseln beißen.

Οὕτως δ' ὀψοποιεῖν εὐφυῶς
περὶ τὴν Σικελίαν αὐτὸς ἔμαθον, ὥστε τοὺς
δειπνοῦντας εἰς τὰ βατάνι' ἐμβαλεῖν ποιῶ
ἐνίοτ' τοὺς ὀδόντας ὑπὸ τῆς ἡδονῆς.

Kock: II. 306. 24.

Überhaupt ist Sicilien die eigentliche Heimat der guten Köche, und es einem Siculer in dieser Beziehung gleichzuthun oder ihn gar noch zu übertreffen ist das höchste Ziel und der Stolz jedes Fachgenossen.

So spricht Antiphanes in seinem Ἄστρατος von διαθρυμματίδες mit siculischer Kunst gewürzt.

Σικελῶν τε τέχναις ἡδυνθεῖσαι δαιτὸς διαθρυμματίδες.

Kock: II. 48. 90.

Der Koch bei Epikrates, im Ἔμπορος, brüstet sich mit den Worten: «Nicht einmal Sicilien wird sich rühmen können, einen solchen Koch in Zubereitung der Fische zu besitzen.»

Ὅτε Σικελία κατχρήσεται
τρέψει τοιοῦτον ἄρτιμον καὶ ἰχθύων.

Kock: II. 284. 6, v. 2—3.

Das Süße und Angenehme des aus einer Erdspalte aufsteigenden Duftes und den Wohlgeruch des daraus aufwirbelnden Rauches vergleicht der Dichter mit den Wohlgerüchen, welche aus dem Verkaufsgewölbe des Weihrauchhändlers dringen oder der Küche eines siculischen Koches entströmen.

Ἔσθημεῖ δὲ τῆς γῆς ὡς γλυκὺ
ὄζει, κακῶς τ' ἐξέρχετ' εὐωδέστερος·
οἰκεῖ τις ὡς ἔοικεν ἐν τῷ χάσματι
ἀρωματοπώλης ἢ μάγειρος Σικελικός·

Kock: II. 289. 2.

Um uns einen Begriff vom Umfange seiner Kenntnisse zu geben, beschreibt der Koch in den Ἐγκλειόμεναι des Sotades (Kock: II. 447. 1) in ausführlicher Weise die Zurüstung eines Gastmahles, und wir müssen uns nach dem Durchlesen der langathmigen Schilderung mit ihrer Menge von Namen ebensosehr über das Geschick des Kochkünstlers, als über seine Gedächtniskraft wundern. Denn ausdrücklich versichert uns der kunstfertige Koch, dass er sich nicht auf die Hilfe von Aufzeichnungen und Büchern stütze.

Ἀλλὰ τοῦτ' ἐσθ' ἡ τέχνη.
οὐκ ἐξ ἀπογραφῆς οὐδὲ δι' ὑπομνημάτων.

Kock: II. 447. 1, v. 34—35.

Weil der Koch das ganze Gebiet seiner Kunst beherrscht, so kann er auch die individuellen Wünsche seiner Gäste befriedigen. Jedem derselben gestattet er, sich zu äußern, ob er warm, lau oder kalt zu speisen wünsche.

Θερμοτέρως χαίρεις ἀεὶ
τοῖς ὀψαρίοις, ἢ τὸ μέσον ἢ κατωτέρω·

Kock: II. 361. 173, v. 1—2.

Der richtige Koch fragt nicht nur nach der Zahl der Geladenen, sondern auch nach ihrer Herkunft. Denn er weiß wohl, dass die Geschmacksrichtungen verschiedener Länder eben verschieden sind und dass es in gewisser Beziehung der wichtigste Theil seiner Kunst ist, den Geschmack der Gäste schon im vorhinein zu kennen. Ist ein Rhodier geladen, so lässt er ihm gleich nach seinem Eintritte Süßwasserfische, den silurus oder lebias, auftischen und einen großen Becher süßen Glühweins reichen, woran der rhodische Gast viel mehr Gefallen hat, als am Myrrhenwein. Erscheinen dagegen Byzantier, so lässt er alles, was aufgetragen wird, mit Wermut bestreuen und stark mit Salz versetzen, weil dies ihrem an reichliche Meerfischkost gewöhnten Magen am zuträglichsten ist.

> *Α. Πόσοι τὸ πλῆθός εἰσιν οἱ κεκλημένοι*
> *εἰς τοὺς γάμους. βέλτιστε, καὶ πότερ' Ἀττικοὶ*
> *ἅπαντες. ἢ καὶ τοὐμπορίου μέρς; Β. τί δαὶ*
> *τοῦτ' ἐστι πρὸς σὲ τὸν μάγειρον; Α. τῆς τέχνης*
> *ἡγεμονία τίς ἐστιν αὐτῆς, ὦ πάτερ.*
> *τὸ τῶν ἐδομένων τὰ στόματα προειδέναι.*
> *οἷον 'Ροδίους κέκληκας· εἰσιοῦσι δὸς*
> *εὐθὺς ἀπὸ θερμοῦ τὴν μεγάλην αὐτοῖς σπάσαι,*
> *ἀποξέσας σίλουρον ἢ λεβίαν, ἐφ' ᾧ*
> *χαιρεῖ πολὺ μᾶλλον ἢ μυρίην προσεγχέας.*
> *Β. ἀστεῖον ὁ σιλουρισμός· Α. ἂν Βυζαντίους,*
> *ἀψινθίῳ σπόδησον ἅτ' ἂν παρατιθῇς,*
> *κάθαλα ποιήσας πάντα κάσκοροδισμένα.*
> *διὰ γὰρ τὸ πλῆθος τῶν παρ' αὐτοῖς ἰχθύων*
> *πάντες φλεγματώδεις εἰσὶ καὶ μεστοὶ λάπης.*

Kock: II. 545. 17.

Daher auch die eindringliche Mahnung des Koches an seinen Schüler: «Lerne den Geschmack der Geladenen kennen. Denn dieses ist der Gipfelpunkt der Kunst, guten Eingang in den Mund der Gäste zu finden, wie es für das Schiff die Hauptsache ist, glücklich in den Hafen einzulaufen.»

> *Καὶ τὰ στόματα γίνωσκε τῶν κεκλημένων·*
> *ὥσπερ γὰρ εἰς ἱμάτιρια. τῆς τέχνης λέρας*
> *τοῦτ' ἐστιν, ἂν εὖ προσδράμῃς πρὸς τὸ στόμα.*

Kock: III. 342. 26, v. 16—18.

Der erfahrene Koch macht aber in der Wahl seiner Speisen nicht nur einen Unterschied zwischen den verschiedenen Ländern, sondern auch zwischen den verschiedenen Lebensarten, Lebensaltern und Ständen. Nicht allen setzt er die gleiche Mahlzeit vor, sondern genau nach den Eigenthümlichkeiten der einzelnen abgestuft. Etwas anderes ist bestimmt für den Verliebten, etwas anderes für den schmarotzenden Scheinphilosophen, den die Komödie so gern verspottet, wieder etwas anderes für den Zöllner. Dem verliebten Jüngelchen, das mit seinem Mädchen das väterliche Vermögen vergeudet, setzt er leckere Tintenfische, Kalmare und eine feine, buntschillernde Art von Klippenfischen vor. mit picanter Sauce versehen. Denn ein solcher ist kein Vielesser, und sein ganzes Sinnen und Trachten ist nur auf die Liebe gerichtet. Fische, allerdings von mehr gewöhnlicher Art, bekommt auch der Zöllner. Dem vorgeblichen Philosophen aber muss der Koch etwas recht Kräftiges, z. B. einen fetten Schinken auftischen. Leute dieser Art erfreuen sich nämlich eines besonders gesegneten Appetits. Wenn aber einer am Rande des Grabes steht, so bereitet er für diesen ein Linsenmus, um ihm so den Rest des Lebens noch so angenehm als möglich zu machen. Den Greisen, deren Geschmack zwar verschieden, deren Appetit aber viel geringer ist, als derjenige der Jünglinge, setzt er Senf vor und bereitet ihnen scharfe Brühen, um die schläfrige Natur anzuregen und die überflüssige Luft aus dem Körper auszutreiben. Nur das Gesicht eines Menschen braucht der Koch zu sehen, um schon zu erkennen, was jeder zu essen wünscht.

Οὐ ταὐτὰ προσάγω πᾶσιν· ἀεὶ βρώματα
τεταγμέν' εὐθύς ἐστί μοι πρὸς τὸν βίον,
ἕτερ' ἐστὶ τοῖς ἐρῶσι καὶ τοῖς φιλοσόφοις
καὶ τοῖς τελώναις· μειράκιον ἐρωμένην
ἔχων πατρῴαν οὐσίαν κατεσθίει·
τούτῳ παρέθηκα σηπίας καὶ τευθίδας
καὶ τῶν πετραίων ἰχθύων τῶν ποικίλων,
ἐμβαμματίοις γλαφυροῖσι κεχορηγημένα·
ὁ γὰρ τοιοῦτός ἐστιν οὐ δειπνητικός,
πρὸς τῷ φιλεῖν δὲ τὴν διάνοιάν ἐστ' ἔχων.
τῷ φιλοσόφῳ παρέθηκα κωλῆν ἢ πόδας·
ἀδηφάγον τὸ ζῷον εἰς ὑπερβολήν
ἐστιν· τελώνῃ γλαῦκον, ἐγχελυν, σπάρον·
ὅταν ἐγγὺς ᾖ τῳ δ' ἡ σορός, ἀρτύω φακῆν
καὶ τὸ περίδειπνον τοῦ βίου λαμπρὸν ποιῶ.
τὰ τῶν γερόντων στόματα διαφορὰν ἔχει,
τωθρότερα πολλῷ δ' ἐστὶν ἢ τὰ τῶν νέων.
σίναπι παρατίθημι τούτοις. καὶ ποιῶ
χυλοὺς ἐχομένους δριμύτητος, τὴν φύσιν
ἵνα διεγείρας πνευματῶ τὸν ἀέρα.
ἰδὼν τὸ πρόσωπον γνώσομ', οὗ ζητεῖ φαγεῖν
ἕκαστος ὑμῶν.   Kock: III. 1, v. 28—49.

Um alles berücksichtigen zu können, muss also der Koch schon lange, bevor er die Mahlzeit bereitet, wissen, für wen sie herzurichten ist.

Τὸν μάγειρον εἰδέναι
πολὺ δεῖ γὰρ ἀεὶ πρότερον, οἷς μέλλει ποιεῖν
τὸ δεῖπνον, ἢ τὸ δεῖπνον ἐγχειρεῖν ποιεῖν.
                Kock: II. 423. 2, v. 2—4.

Die Vollendung der Kochkunst erreicht zu haben, und zwar allein erreicht zu haben, rühmt sich der Koch in den Ἀδελφοί des Hegesippus. Er hat nicht nur in zwei Jahren so beiläufig den Schurz zu tragen gelernt, sondern in unablässigem Streben hat er während seines ganzen

Lebens die Kunst in ihren einzelnen Theilen durchforscht, all die vielen
Gattungen von Gemüsen, die Sardellenarten, die verschiedenartigen Sorten
von Linsenbrei kennen zu lernen gesucht. Und zu solcher Vollkommen-
heit hat er es gebracht, dass er die Weinenden, die gerade in Trauer-
kleidern vom Leichenzuge zurückkehren, sofort zum Lachen bringt, sobald er den Deckel der Schüssel aufhebt. Ein so unwiderstehlicher Kitzel
durchdringt das Innerste des Körpers, als ob fröhliche Hochzeitsstim-
mung herrsche.

> Τὸ πέρας τῆς μαγειρικῆς, Σύρε,
> εὑρηκέναι πάντων νόμιζε μόνον ἐμέ.
>
> οὐ γὰρ παρέργως ἔμαθον ἐν ἔτεσιν δυσὶν
> ἔχειν περίζωμ’, ἀλλ’ ἅπαντα τὸν βίον
> ζητῶν κατὰ μέρη τὴν τέχνην ἐξήτακα,
> εἴδη λαχάνων ὅσ’ ἐστί, βεμβράδων τρόπους,
> φακῆς γένη παντοδαπά, τὸ πέρας σοι λέγω
> ὅταν ἐν περιδείπνῳ τυγχάνω διακονῶν,
> ἐπὰν τάχιστ’ ἔλθωσιν ἀπὸ τῆς ἐκφορᾶς,
> τὰ βάπτ’ ἔχοντες, τοὐπίθημα τῆς χύτρας
> ἀφελὼν ἐποίησα τοὺς δακρύοντας γελᾶν.
> τοιοῦτος ἔνδοθέν τις ἐν τῷ σώματι
> διέδραμε γαργαλισμὸς ὡς ὄντων γάμων.
>
> Kock: III. 312. 1, v. 4—16.

Wenn dem Koche das Nöthige zur Verfügung steht, und wenn er
einmal die Küche richtig eingerichtet hat, so ist dasselbe Schauspiel zu
sehen, wie ehemals bei den Sirenen. Infolge des herausströmenden Duftes
kann niemand so ohneweiters bei der Küche vorbeigehen, sondern jeder
der Vorübergehenden bleibt, gleichsam verzaubert, sofort bei der Thüre
stehen, sprachlos, mit weit geöffnetem Munde, wie festgebannt, bis einer
der Freunde, der sich die Nase verstopft hat und somit dem Zauber
nicht verfällt, ihn mit Gewalt wegzieht.

> Σὺ δὲ δὴ λάβω
> τὰ δέοντα, καὶ τοῖ...όπων ἁρμόσομ’ ἅπαξ.
> ὅπερ ἐπὶ τῶν ἔμπροσθε Σειρήνων. Σύρε,
> ἐγένετο, καὶ νῦν ταὐτὸ τοῦτ’ ὄψει πάλιν·
> ὑπὸ τῆς γὰρ ὀσμῆς οὐδὲ εἷς δυνήσεται
> ἁπλῶς διελθεῖν τὸν στενωπὸν τουτονί·
> ὁ δὲ παριὼν πᾶς εὐθέως πρὸς τὴν θύραν
> ἑστήξετ’ ἀχανὴς προσπεπατταλευμένος,
> ἄφωνος ἄχρι ἂν τῶν φίλων βεβυσμένος
> τὴν ῥῖν’ ἕτερός τις ἀποσπάσῃ ἀποπνίγων·
>
> Kock: III. 312. 1, v. 18—27.

Wohl der größte Beweis für die Tüchtigkeit unseres Koches ist der Umstand, dass er viele unter den am Tische Sitzenden sieht, welche seinethalben ihr Vermögen aufgezehrt haben.

Πολλοὺς ἐγώ ωφόδρ' οἶδα τῶν καθημένων,
οἳ καταβεβρωκασ' ἕνεκ' ἐμοῦ τὰς οὐσίας.

Kock: III. 312. 1, v. 29—30.

Gewiss den höchsten Begriff von seiner Kunst hat der Koch im Στρατιώτης des Philemon. Er macht durch den bloßen Duft seiner Gerichte sogar Todte lebendig, er hat die Unsterblichkeit erfunden.

Ἀθανασίαν εὕρηκα· τοὺς ἤδη νεκροὺς
ὅταν ὀσφρανθῶσι, ποιῶ ζῆν πάλιν.

Kock: II. 500. 79, v. 25—26.

Weich und zart, aber ohne Würze und Verzierung, setzt der Koch den Fisch seinen Gästen vor. Wie derselbe im Leben war, so sieht er auch jetzt, nachdem er geröstet ist, noch aus. Der Erfolg aber ist ein fast unglaublicher. Der welcher zuerst die Freuden des Tellers verkostet, springt auf und tanzt, um alles für sich zu behalten, mit dem Teller in der Hand im Kreise herum. Die anderen aber drängen auf dem Fuße nach, und wie Vögel, die sich um einen für sie zu großen Brocken streiten, sucht jeder etwas zu erhaschen. Dies alles aber geschieht schon um gewöhnlicher Flussfische willen. Könnte unser Koch aber erst einen edleren Seefisch vorsetzen, einen σκάρος oder attischen γλαυκίσκος, einen argivischen κάπρος oder sicyonischen γόγρος, den Poseidon selbst den Göttern in den Himmel bringt, dann müssten wohl alle, die solches genosssn, zu Göttern werden.

Ἰχθὺς ἁπαλὸς οἷος γέγονέ μοι,
οἷον παραιέθειχ', οὐ πεφαρμακευμένον
τυροῖσιν, οὐδ' ἄνωθεν ἐξανθισμένοι,
ἀλλ' οἷος ἦν ζῶν, κὠπτὸς ὢν τοιοῦτος ἦν·

Kock: II. 579, v. 4—7.

Ὅμοιον ἐγένει', ὄρνις ὁπόταν ἁρπάσῃ
τοῦ καταπιεῖν μεῖζόν τι· περιτρέχει κύκλῳ
τηροῦσα τοῦτο, καταπιεῖν δ' ἐσπούδακεν,
ἕτεραι διώκουσιν δὲ ταύτην. ταὐτὸν ἦν.
τὴν ἡδονὴν ὁ πρῶτος αὐτῶν καταμαθὼν
τῆς λοπάδος ἀνετήδησε κἄφευγεν κύκλῳ
τὴν λοπάδ' ἔχων, ἄλλοι δ' ἐδίωκον κατὰ πόδας.
ἐξῆν ὀλολύζειν· οἱ μὲν ἥρπασάν τι γάρ,
οἱ δ' οὐδέν. οἱ δὲ πάντα. καίτοι παρέλαβον
ἰχθῦς ποταμίους ἐσθίοντες βόρβορον·
εἰ δ' ἔλαβον ἄρτι σκάρου, ἢ 'κ τῆς Ἀττικῆς

γλαυκίσκον. ὦ Ζεῦ σῶτερ, ἢ 'ξ Ἄργους κάτρων
ἢ 'κ τῆς Σικυῶνος τῆς φίλης ὦν τοῖς θεοῖς
φέρει Ποσειδῶν γόγρον εἰς τὸν οὐρανόν,
ἅπαντες οἱ φαγόντες ἐγένοντ' ἂν θεοί.

Kock: II. 500. 79, v. 10—24.

Bei solch glänzenden Erfolgen des Koches ist gewiss auch sein Verlangen gerechtfertigt, Himmel und Erde zu verkünden, was für ein Gericht er bereitet. Denn, fürwahr bei der Athene, süß ist es, bei allen Beifall zu ernten.

Ὡς ἵμερός μ' ἐπῆλθε γῇ τε κοὐρανῷ
λέξαι μολόντι τοὔψον ὡς ἐσκεύασα
ἢ τὴν Ἀθηνᾶν ἡδύ γ' ἐστι εὐημερεῖν
ἐν ἅπασιν. Kock: II. 500. 79, v. 1—4.

Die Kochkunst ist also, wenn man alles genau überlegt, durchaus nicht geringzuschätzen. Durch die Stümper freilich, die behaupten, Köche zu sein, aber nichts verstehen, kommt die Kunst in Misscredit. Der wahre Koch muss schon von Jugend auf richtig in sein Fach eingeführt sein, er muss alle guten und schlechten Eigenschaften der Nahrungsmittel kennen.

Οὐ παντελῶς εὐκαταφρόνητος ἡ τέχνη.
ἂν καταπνοήσῃς, ἐστὶν ἐμοῦ, Δημύλε,
ἀλλὰ πέπλυται τὸ πρᾶγμα, καὶ πάντες σχεδὸν
εἶναι μάγειροί φασιν, οὐδὲν εἰδότες.
διὸ τῶν τοιούτων δ' ἡ τέχνη λυμαίνεται.
ἐπεὶ μάγειρον ἐὰν λάβῃς ἀληθινόν,
ἐκ παιδὸς ὀρθῶς εἰς τὸ πρᾶγμ' εἰσηγμένον,
καὶ τὰς δυνάμεις κατέχοντα καὶ τὰ μαθήματα
ἅπαντ' ἐφεξῆς εἰδόθ', ἕτερόν σοι τυχὸν
φανήσεται τὸ πρᾶγμα.

Kock: III. 314. 1, v. 1—10.

Denn zwischen Koch und wieder Koch ist noch ein großer Unterschied.

Ἴσως ὅσον μαγείρου διαφέρει
μάγειρος οὐκ οἶσθ'. Β. Εἴσομαι δέ γ' ἢν λέγῃς·

Kock: III. 386. 1, v. 6—7.

Denn wenn einer nur darauf sieht, wie man das Mahl nach Gebühr bereiten, auf welche Weise man es vorsetzen müsse, wann und wie man seine Vorbereitungen zu treffen habe, so ist dieser nur ein Zubereiter [ὀψοποιός], noch kein Koch. Diese beiden sind aber durchaus nicht als gleich zu betrachten, sondern vielmehr himmelweit von einander verschieden. Feldherr heißt zwar jeder, welcher eine Truppenmacht in der Hand hat; nur derjenige aber, welcher in seinem Wirkungskreise sich

2

zu bewegen und auch etwas zu überblicken vermag, ist ein wirklicher Stratege, ein bloßer Führer jeder andere. So ist es auch in der μαγει- ρικη [τέχνη]. Etwas herzurichten oder Speisen zu zerschneiden, einfach etwas zu sieden und das Feuer anzublasen, dazu wäre wohl jeder imstande. Ein solcher jedoch ist nur ein Zubereiter, der Koch aber ist etwas ganz anderes. Er muss alle Umstände zu berücksichtigen wissen, den Ort, die Zeit, Gastgeber und Gast, wann ein Fisch zu kaufen sei und welcher. Denn man wird zwar zu jeder Zeit allenfalls alles bekommen, aber nicht immer hat es denselben Wohlgeschmack, bereitet es denselben Genuss.

Ἂν μὲν γὰρ ἕν τις τουτ' ἐπιβλέψῃ μόνον
τοὔψον ποιῆσαι κατὰ τρόπον πῶς δεῖ. τίνα
τρόπον παραθεῖναι δ' ἢ πότ' ἢ πῶς σκευάσαι
δεῖ. μὴ προΐδηται τοῦτο μηδὲ φροντίσῃ.
οὐκέτι μάγειρος, ὀψοποιὸς δ' ἐστί που·
οὐ ταὐτὸ δ' ἐστὶ τοῦτο· πολὺ διήλλαχεν·
... στρατηγὸς πᾶς καλεῖθ' ὃς ἂν λάβῃ
δύναμιν. ὁ μέντοι δυνάμενος κἂν πράγμασιν
ἀναστραφῆναι καὶ διαβλέψαι τί που
στρατηγός ἐστιν. ἡγεμὼν δὲ θάτερον.
οὕτως ἐφ' ἡμῖν σκευάσαι μὲν ἢ τεμεῖν
ἡδύσμαθ' ἑψῆσαί τε καὶ φυσᾶν τὸ πῦρ
ὁ τυχὼν δύναιτ' ἄν.....
..... ὁ δὲ μάγειρος ἄλλο τι·
συνιδεῖν τόπον. ὥραν. τὸν καλοῦντα, τὸν πάλιν
δειπνοῦντα, πότε δεῖ καὶ τίν' ἰχθὺν ἀγοράσαι.
...... πάντα μὲν λήψει σχεδὸν
ἀεὶ γάρ, οὐκ ἀεὶ δὲ τὴν τούτων χάριν
ἔχεις ὁμοίαν. οὐδ' ἴσην τὴν ἡδονήν.

Kock:. II. 423. 2, v. 5—18.

Die Kochkunst lässt sich wegen der vielfältigen Kenntnisse, die sie verlangt, auch nicht gar so leicht lernen. Denn wie es viele Künste gibt, an die man nicht unmittelbar herantreten kann, die vielmehr den, der sie erlernen will, zwingen, sich vorher mit der Zeichenkunst zu beschäftigen, so muss man auch vor der Kochkunst andere Künste lernen, nämlich Astronomie, Geometrie und Medicin.

Πολλὰς τέχνας λάβοις ἂν ἐνδόξους πάνυ
ὧν τὸν μαθεῖν βουλόμενον ὀρθῶς οὐκ ἔτι
ταύταις προσελθεῖν εὐθύς, ἀλλ' ἐμπροσθε δεῖ
ζωγραφίας ἧφθαι· ταῦτα καὶ μαγειρικῆς
πρότερον μαθεῖν δεῖ τῆς τέχνης ἑτέρας τέχνας.

ἀστρολογικήν, γεωμετρικήν, ἰατρικήν.

Kock: III. 386. 1, v. 12 – 18.

Noch mehr Vorkenntnisse verlangt der Koch Sikon von seinen
Schülern. Zuerst lehrt er sie die Astronomie, gleich nachher die Architectur, dann kommt die Physik an die Reihe, und zuletzt fügt er zu
all diesem auch noch die Feldherrnkunst und dringt strenge darauf, all
dieses vor der Kochkunst zu lernen.

'Εδίδασκεν ἡμᾶς πρῶτον ἀστρολογεῖν,
ἔπειτα μετὰ ταῦτ' εὐθὺς ἀρχιτεκτονεῖν·
περὶ φύσεως κατεῖχε πάντας τοὺς λόγους·
ἐπὶ πᾶσι τούτοις ἔλεγε τὰ στρατηγικά·
πρὸ τῆς τέχνης ἐσπευδε ταῦθ' ἡμᾶς μαθεῖν.

Kock: III. 314. 1, v. 15 – 19.

(Ursprüngliche Stellung der Verse beibehalten.)

Was die Astronomie anbetrifft, muss der wahre Koch vor allem
die Vorgänge am Himmel kennen; er muss kennen den Auf- und Nieder-
gang der Gestirne, muss wissen, wann Helios zu langem, wann zu kurzem
Tagesglanze sich erhebt und in welchem Zeichen des Thierkreises er steht.
Denn die Speisen bekommen bei veränderter Stellung der Himmelszeichen
auch anderen Geschmack. Nur der, welcher derartige Dinge kennt, kann
sich auch darnach richten und immer den passenden Zeitpunkt benützen.
Der aber, welcher diese Kenntnisse nicht besitzt, «manscht» alles durch-
einander, und es ist auch gar nicht anders zu erwarten.

Δεῖ τὸν μάγειρον εἰδέναι πρότιστα μὲν
περὶ τῶν μετεώρων, τάς τε τῶν ἄστρων δύσεις
καὶ τὰς ἐπιτολάς, καὶ τὸν ἥλιον πότε
ἐπὶ τὴν μακράν τε καὶ βραχεῖαν ἡμέρα
ἐπάνεισι, κἀν ποίοισίν ἐστι ζῳδίοις·
τὰ γὰρ ὄψα περιφορᾷ τῆς ὕλης συντάξεως
ἑτέραν ἐν αὑτοῖς λαμβάνει τὴν ἡδονήν.
ὁ μὲν οὖν κατέχων τὰ τοιαῦτα, τὴν ὥραν ἰδὼν
τούτων ἑκάστοις, ὡς προσήκει, χρήσεται·
ὁ δ' ἀγνοῶν ταῦτ' εἰκότως τυντλάζεται.

Kock: III. 314. 1, v. 25 – 35.

Die Astronomie gibt dem Koche die Möglichkeit, die guten und
schlechten Eigenschaften der Fische zu kennen, wenn er die für jeden
derselben günstigen und ungünstigen Zeitpunkte weiß. Denn groß ist der
Unterschied im Genusse, den zu verschiedenen Zeiten dieselbe Fischart
gewährt, und zuweilen ist sogar der box dem Thun vorzuziehen.

2*

Τὸν ἰχθύων γὰρ τὰς δυνάμεις καὶ τὰς τύχας
ἐπεῖθεν εἶσει, παρακολουθήσας χρόνοις.
πόθ᾽ ἀωρός ἐσθ᾽ ἕκαστος ἢ πόθ᾽ ὥριμος·
τῶν ἰδιῶν γὰρ μεγάλα τὰ διαστήματα·
ἐνίοτε κρεῖττον γίνεται θύννου βρᾶξ.

Kock. III. 386. 1, v. 19—23.

Nach der Astronomie lehrt Sikon seine Schüler die Architectur.
Denn auch Architectur und speciell Geometrie stehen in nothwendigem
Zusammenhange mit der Kochkunst. Diese Künste nur zeigen dem Koche
die richtige Eintheilung der Küche. Er betrachtet dieselbe als einen
Himmelsglobus und weist jedem einzelnen Zweige seiner Kunst seinen
eigenen Platz an. Die Eintheilung auf dem Globus hat der Koch in seiner
Kücheneintheilung nachgebildet.

Τοὐπιπλάτον ἡμεῖς σφαῖραν εἶναι τιθέμεθα.
τοῦτο διελεῖσθαι καὶ τόπον λαβόνθ᾽ ἕνα
μερίσαι κατ᾽ εἶδος τῆς τέχνης ἐπιδέξια.
ἐκεῖθεν ἐνταῦθ᾽ ἐστὶ μετενηνεγμένα.

Kock: III. 386. 1, v. 25—28.

Nicht nur die Eintheilung der Küche, sondern auch, sie gehörig
einzurichten und gerade so viel Feuer zu nehmen, als nothwendig ist,
fällt ins Gebiet der Architectur. Eher der Physik gehört es an, zu beobachten, woher der Wind weht und auf die verschiedene Richtung des
aufsteigenden Rauches sein Augenmerk zu richten. Alle diese Dinge sind
für den Koch von großer Wichtigkeit und bringen gewöhnlich einen
Unterschied in den Speisen hervor.

Τοὐπιπλάτον ὀρθῶς καταβαλέσθαι, καὶ τὸ φῶς
λαβεῖν, ὅσον δεῖ, καὶ τὸ πνεῦμ᾽ ἰδεῖν πόθεν
ἐστὶ, μεγάλην χρείαν τιν᾽ εἰς τὸ πρᾶγμ᾽ ἔχει·
ὁ καπνὸς φερόμενος δεῦρο κἀκεῖ διαφορὰν
εἴωθε τοῖς ὄψοισιν ἐμποιεῖν τινα.

Kock: III. 314. 1, v. 39—43.

Auch des Feldherrn taktische Kenntnisse sind für den Koch un-
bedingtes Erfordernis. Eine Art Taktik ist zwar überall und in jeder Kunst
am Platze, in der Kochkunst aber ist sie fast die Hauptsache. Denn alles
regelrecht aufzutischen und wieder abzutragen und dabei den richtigen
Zeitpunkt zu beobachten, wann die Gerichte rascher, wann langsamer
aufeinander zu folgen haben, ferner zu erforschen, wie die Stimmung
der Gäste dem Mahle gegenüber sei, und wann es an der Zeit sei, die
einen Gerichte warm, die anderen etwas abgekühlt, andere lau und
wieder andere ganz kalt aufzustellen, dies alles gehört ins Gebiet der
strategischen Wissenschaften.

Ἡ τάξις σωφὸν
ἁπανταχοῦ μέν ἐστι κἀν πάσῃ τέχνῃ.
ἐν τῇ καθ' ἡμᾶς δ' ὥσπερ ἡγεῖται σχεδόν.
τὸ γὰρ παραθεῖναι κἀφελεῖν τεταγμένως
ἕκαστα καὶ τὸν καιρὸν ἐπὶ τούτοις ἰδεῖν,
πότε δεῖ πυκνότερον ἐπαγαγεῖν καὶ πότε ῥᾴδιον,
καὶ πῶς ἔχουσι πρὸς τὸ δεῖπνον, καὶ πότε
εὔκαιρον αὐτοῖς ἐστι τῶν ὄψων τὰ μὲν
θερμὰ παραθεῖναι, τὰ δ' ἐπανέντα, τὰ δὲ μέσως,
τὰ δ' ὅλως ἀποψύξαντα, ταῦτα πάντα δὴ
ἐν τοῖς στρατηγικοῖσιν ἐξετάζεται
μαθήμασιν.   Kock: III. 314. 1, v. 45—56.

Zur Taktik gehört ferner auch, alles planmäßig und symmetrisch
aufzustellen und die Zahl der in der Kochkunst erforderlichen Gegen-
stände zu kennen.

Ἤδη τὸ μετὰ τοῦ καὶ τὸ συμμέτρως ἔχον
παρὰ τακτικῆς. ἕκαστα ποῦ τεθήσεται·
ἀριθμῷ τὸ πλῆθος εἰδέναι μαγειρικῆς.
                                   Kock: III. 386. 1, v. 36—39.

Der Koch scheint überhaupt von einem guten Feldherrn sich in
nichts zu unterscheiden. Die Feinde nahen. Mit der Ruhe des überlegenen
Geistes aber steht der Feldherr da und nimmt den Kampf auf. Der Feldherr ist unser Koch, die Feinde aber sind die ganze zechende Schar.
In dichten Reihen rückt sie heran, sie dringt ein zu dem schon seit fünf-
zehn Tagen ersehnten Mahle, voll Feuereifer, in ungeordneter Hast, und
wartet nun ungeduldig, bis das Wasser über die Hände gegossen und
damit das Zeichen zum Angriffe auf die Speisen gegeben wird. Hier con-
centriert sich im lärmenden Gedränge gleichsam die Brandung des Meeres.

Οἶσθα δ', ὦ βέλτιστ', ὅτι
ἀγαθοῦ στρατηγοῦ διαφέρειν οὐδὲν δοκεῖ.
οἱ πολέμιοι πάρεισιν· ὁ βαθὺς τῇ φύσει
στρατηγὸς ἕστηκεν, τὸ πρᾶγμ' ἐδέξατο.
πολέμιός ἐστι πᾶς ὁ συμπίνων ὄχλος.
κἀεὶ γὰρ ἀθρόος οὗτος εἰσελήλυθεν
ἐκ πέντε καὶ δέχ' ἡμερῶν προσηλιμένος
τὸ δεῖπνον, ὁρμῆς μεστός, ἐξηλλιμένος,
πρῶτ' ἐπὶ τὰς χεῖρας ὕδωρ τις. τὸν
ὄχλον τοιούτου ῥαχίαν ἠθροισμένην.
                                   Kock: III. 344. 27, v. 2—11.

Der vollendete Koch ist auch eingeweiht in die Kunst des Arztes.
Denn bei ihm werden die Eingeladenen nicht von Leibschmerzen und von

den bei Tische etwas unschicklichen Blähungen geplagt. Er versteht es, seinen Speisen Nährkraft zu verleihen, ohne dabei die körperlichen Functionen irgendwie zu beeinträchtigen. Gleichmäßig vertheilen sich bei seiner Kunst die Säfte.

> Τοιγαροῦν στρόφοι
> καὶ πνευμάτια γινόμενα τὸν κεκλημένον
> ἀσχημονεῖν ποιοῦσι· παρὰ δ' ἐμοὶ τρέφει
> τὸ προσφερόμενον βρῶμα καὶ λεπτύνεται
> ὀρθῶς τε διαπνεῖ. τοιγαροῦν εἰς τοὺς πόρους
> ὁ χυμὸς ὁμαλῶς πανταχοῦ συνίσταται.
>
> Kock: III. 349. 2, v. 25—30.

Die Kochkunst ist sogar die Begründerin der Medicin. Denn die Beobachtung, dass die einen Speisen Blähungen verursachen, schwer zu verdauen sind und, anstatt zu sättigen, nur Qualen bereiten, dass andere dagegen jeden, der sie genießt, rüstig und stark machen, führte zur Erfindung der Arzneimittel und von hier aus wurde dann die Kunst erweitert und auch auf andere Gebiete übertragen.

> Περὶ τῆς ἰατρικῆς δέ· τῶν γὰρ βρωμάτων
> πνευματικὰ καὶ δύσπεπτα καὶ τιμωρίαν
> ἔχοντ' ἔτ' ἔστιν, οὐ τροφήν· δειπνῶν δὲ πᾶς
> τἀλλότρια γένετ' ὀξύχειρ καὶ ἐγκρατής.[1]
> τοῖς δὴ τοιούτοις βρώμασιν τὰ φάρμακα
> εἴρητ'· ἐκεῖθεν μεταφορὰ δ' ἐστὶν τέχνης.[2]
>
> Kock: III. 386. 1, v. 30—35.

Der Koch ist ferner auch harmonicus mit feinem Gefühle für die Abstufungen der Töne. Er selbst geht gar nicht in die Küche, wie es wenigstens der Koch in den Σύντροφοι des Damoxenos hält, sondern er braucht nur in der Nähe zu verweilen, und sein fein ausgebildeter Gehörsinn sagt es ihm gleich, wenn in der Küche etwas fehlt, und lässt ihn auch sofort die Ursache des Fehlers erkennen. «Der Ton ist zu scharf», ruft er, «lass mit Feuern nach! Verstärke das Feuer wieder! Mache es rasch gleichmäßig! Der erste Topf tönt nicht harmonisch mit den übrigen.»

> A. Ἐγὼ γὰρ εἰς τοὐπἀναντίον οὐκ εἰσέρχομαι.
> B. ἀλλὰ τί: A. θεωρῶ πλησίον καθήμενος,
> ποιοῦσι ἕτεροι δ', οἷς λέγω τὰς αἰτίας
> καὶ τἀποβαῖνον· 'ὀξὺ τὸ περίκομμ', ἄνες'·
> B. ἁρμονικὸς εἶ μάγειρος. A. ἐπίτεινον τὸ πῦρ

---

[1] Nach Meineke. Kock liest hier: κοὐκ ἐγκρατής.

[2] Interpunction nach Meineke. Kock hat Komma nach ἐκεῖθεν, nach εἴρητ' kein Unterscheidungszeichen.

$$\begin{aligned}
&\text{ὁμαλιζέτω τοῖς τάχεσιν· ἡ πρώτη λοπὰς}\\
&\text{ζεῖ ταῖς ἐφεξῆς οὐχὶ συμφώνως·}
\end{aligned}$$

Kock: III. 349. 2, v. 45—51.

Der Koch setzt kein Gericht blindlings und unüberlegt vor, sondern alle geordnet nach den Gesetzen der Harmonie und zwar so, dass die einzelnen Schüsseln entweder zu je vier oder je fünf oder alle zusammen ein harmonisches Ganzes bilden. Er stellt die Speisen auf mit Berücksichtigung der Intervalle und verbindet sie sogleich verständig mit den Zugaben. Zuweilen spricht er wieder zu den Unterköchen, sie zur Arbeit und Aufmerksamkeit ermunternd: «Mit was machst Du Dir da zu schaffen? Was willst Du mit diesem verbinden? Pass auf, Du störst die Harmonie! Wirst Du hier nicht das schöne Maß überschreiten?»

$$\begin{aligned}
&\text{Εἶτ' οὐδὲν εἰκῆ παρατίθημι, μανθάνεις·}\\
&\text{βρῶμ' ἀλλὰ μείξας πάντα κατὰ συμφωνίαν.}\\
&\text{Β. πῶς· Α. ἐστιν αὐτοῖς ἃ διὰ τεττάρων ἔχει}\\
&\text{κοινωνίαν, διὰ πέντε, διὰ πασῶν πάλιν}\\
&\text{ταῦτα προσάγω πρὸς αὐτὰ τὰ διαστήματα}\\
&\text{καὶ ταῖς ἐπιφοραῖς εὐθὺς οἰκείως πλέκων}\\
&\text{ἐνίοτ' ἐφεστιὼς παρακελεύομαι· πόθεν}\\
&\text{ἅπτει· ὦ τούτῳ μιγνύειν μέλλεις· ὅρα,}\\
&\text{διάφωνον ἕλκεις· οὐχ ὑπερβήσει σοφόν·}
\end{aligned}$$

Kock: III. 349. 2, v. 53—68.

Selbst vom Dichter unterscheidet sich der Koch nicht im geringsten. Denn wenn die Werke des Dichters Geistesarbeit sind, so gilt das nicht weniger von den Erzeugnissen der Kochkunst.

$$\begin{aligned}
&\text{Οὐδὲν ὁ μάγειρος τοῦ ποιητοῦ διαφέρει·}\\
&\text{ὁ νοῦς γάρ ἐστιν ἑκατέρῳ τούτων τέχνη.}
\end{aligned}$$

Kock: III. 323. 11, v. 15—16.

Vielleicht gerade wegen dieser Verwandtschaft mit den Dichtern versteht der Koch dieselben auch zu würdigen und ist überhaupt in der Litteratur wohl bewandert. Der Koch im Phoinikides des Strato wenigstens drückt sich nur in homerischen Wendungen aus. Da derjenige, welcher ihn gedungen hat, keine Silbe von dessen Gelehrsamkeit versteht, so entspinnt sich zwischen den Beiden folgendes ergötzliches Zwiegespräch:

Koch: «Wie viele μέροπες hast Du zum Mahle geladen, sag an?»

Herr: «Ich soll μέροπες zum Mahle geladen haben!? Bist Du von Sinnen? Glaubst Du, ich kenne Deine μέροπες da? Gar kein μέροψ wird kommen. Dies, beim Zeus, gienge mir noch ab, μέροπες zur Tafel zu laden.»

K.: «Wird also gar kein δαιτυμών kommen?»

H.: «*Jαιτμών* kenne ich keinen. Es werden erscheinen *Φιλῖνος*. *Μοσχίων*, *Νικήρατος*, dieser und jener.»

Dabei zählt er die Namen aller Geladenen auf, findet unter ihnen aber keinen, der *Jαιτμών* heißt und fährt dann fort:

H.: «Es wird keiner kommen.»

K.: «Was sagst Du? Nicht einmal ein einziger?»

Dabei wird er auf das heftigste erzürnt, als ob ihm die größte Beleidigung widerfahren wäre, weil der Gastgeber behauptet, keinen *δαι-τμών* geladen zu haben, und fragt weiter:

K.: «Schlachtest Du einen *ἐρυσίχθων*?»

H.: «Nein.»

K.: «Aber einen *βοῦς εὐρυμέτωπος*?»

H.: «Ich schlachte kein Rind, Du widerlicher Mensch.»

K.: «Schlachtest Du also *μῆλα*?»

H.: «Nein, beim Zeus, nichts dergleichen, sondern nur ein Schäfchen.»

K.: «Die *μῆλα* sind ja Schafe.»

H.: «Ich verstehe nichts von dem und mag es auch nicht verstehen. Ich bin ein einfacher Bauer; rede daher auch Du auf gewöhnliche Art mit mir.»

K.: «Weißt Du nicht, dass Homer sagt...?»

H.: «Koch, lass jenen sagen, was er will; was, bei der Vesta, geht das uns an?»

K.: «Der Sprache jenes Mannes gemäß vernimm auch das übrige.»

H.: «Willst Du mich denn wirklich homerisch zu Tode quälen?»

K.: «Ich bin so zu reden gewohnt.»

H.: «Sprich doch wenigstens nicht so, solange Du bei mir bist.»

K.: «Ja soll ich denn wegen der 4 Drachmen, die ich da verdiene, meine Grundsätze aufgeben? Bring *οὐλοχύται* her.»

H.: «Was ist denn das wieder?»

K.: «Gerstenkörner.»

H.: «Warum, Du Dummkopf, schwatzest Du denn so verzwicktes Zeug daher?»

K.: «Ist *πηγός* da?»

H.: «*πηγός*? Möchtest Du nicht einmal Deinen Grundsätzen untreu werden und mir deutlicher sagen, was Du willst?»

K.: «Du bist ein schrecklicher Alter. Bring Salz her; denn das ist *πηγός*. Aber zeige mir *χέρνιψ* (Waschwasser).»

Der Koch schlachtet nun und redet weiter in Worten, die noch kein Mensch gehört hat, wie *μίστυλλε μοίρας*, *δίπτυχ'*, *ὀβελοί*, so dass schließlich dem Gastgeber nichts übrig bleibt, als Bücher des Philetas zur Hand zu nehmen und nachzuschlagen, was jeder dieser Ausdrücke

25

bedeute. Noch einmal bittet er seinen gelehrten Küchenmeister, sein Wesen zu ändern und menschlich zu reden, aber vergebens. *Πειθώ* selbst möchte schwer thun, diese in Räthseln redende Sphinx in Mannesgestalt dazu zu bringen.

Σφίγγ' ἄρρεν', οὐ μάγειρον, εἰς τὴν οἰκίαν
εἴληφ'· ἁπλῶς γὰρ οὐδὲ ἕν μὰ τοὺς θεοὺς
ὅσ' ἂν λέγῃ συνίημι· καινὰ ῥήματα
πεπορισμένος πάρεστιν· ὡς εἰσῆλθε γὰρ,
εὐθὺς μ' ἐτερώτησε, προσβλέψας μέγα.
πόσους κέκληκας μέροπας ἐπὶ δεῖπνον; λέγε'.
ἐγὼ κέκληκα μέροπας ἐπὶ δεῖπνον; χολᾷς;
τοὺς δὲ μέροπας τούτους με γινώσκειν δοκεῖς;
οὐδεὶς παρέσται· τοῦτο γὰρ νὴ τὸν Δία
ἔτι κατάλοιπον, μέροπας ἐπὶ δεῖπνον καλεῖν.'
οὐδ' ἄρα παρέσται δαιτυμὼν οὐδεὶς ὅλως;'
οὐκ οἶδ' ἔγωγε Δαιτυμόν'. ἐλογιζόμην.
ἥξει Φίλιπος, Μοσχίων, Νικήρατος.
ὁ δεῖν', ὁ δεῖνα·' καὶ ὄνομ' ἀνελογιζόμην·
οὐκ ἦν ἐν αὐτοῖς οὐδὲ εἷς μοι Δαιτυμὼν
οὐδεὶς παρέσται'. φημί 'Τί λέγεις; οὐδὲ εἷς;'
σφόδρ' ἠγανάκτησ', ὥσπερ ἠδικημένος,
εἰ μὴ κέκληκα Δαιτυμόνα· καινὸν πάνυ.
οὐ δ' ἄρα θύεις ἐρυσίχθον';' οὐκ ἔφην ἐγώ.
βοῦν δ' εἰρυσίχθον;' οὐ θύω βοῦν, ἄθλιε'
μῆλα θυσιάζεις ἄρα;' μὰ Δι' ἐγὼ μὲν οὔ,
οὐδέτερον αὐτῶν, προβάτιον δ'. οὐκοῦν, ἔφη,
τὰ μῆλα πρόβατα;' οὐ μανθάνω
τούτων οὐδέν, οὐδὲ βούλομαι.
ἀγροικότερος εἰμ'. ὥσθ' ἁπλῶς μοι διαλέγου.
Ὅμηρον οὐκ οἶδας λέγοντα ...;' καὶ μάλα
ἔξην ὃ βούλοι', ὦ μάγειρ', αὐτῷ λέγειν.
ἀλλὰ τί πρὸς ἡμᾶς τοῦτο, πρὸς τῆς Ἑστίας;'
καὶ' ἐκεῖνον ἤδη πρόσεχε καὶ τὰ λοιπά μοι'
ὁμηρικῶς γὰρ διανοεῖ μ' ἀπολλύναι;'
οὐτω λαλεῖν εἴωθα.' μὴ τοίνυν λάλει
οὕτω παρ' ἐμοί γ' ὤν· ἀλλὰ διὰ τὰς νεανίας
δραχμὰς ἀπορῶν.' φησί. τὴν προαίρεσιν·
τὰς οὐλοχύτας φέρε δεῦρο.' τοῦτο δ' ἐστὶ τί;'
κριθαί.' τί οὖν, ἀπόπληκτε, περιπλοκὰς λέγεις;'
πηγὸς πάρεστι;' πηγός; οὐχὶ λακκάσει
ἑορτῆς σαφέστερόν θ' ὁ βούλει μοι λέγειν;'

ἀκαιϑαλὴς ἦ᾽ εἰ ἀρέσῃ.' φησ᾽, ἅλας φέρε.
τοῦτ᾽ ἐστι πηχός· ἀλλὰ δεῖξον χέρνιβα.'
παρῆ · ἔϑνεν. ἔλεγεν ἄλλα ῥήματα
τοιαῦϑ᾽ ἃ μὰ τὴν γῆν οὐδὲ εἰς ἤκουσεν ἄν.
μίσυλλε μοίρας. δίαττυχ᾽, ὀβελούς· ὥστε με
τῶ τοῦ Φιλίᾳ λαμβάνοντα βιβλίων
σκοπεῖν ἕκαστα ἃ δύναται τῶν ῥημάτων.
ἀλλ᾽ ἱκέτευον αὐτὸν ἤϑη μεταβαλεῖν
ἀνϑρωπίνως λαλεῖν τε, τὸν δ᾽ οὐδ᾽ ἂν ταχὺ
ἔπεισεν ἡ Πειϑώ μὰ τὴν γῆν οἶδ᾽ ὅτι.

Kock: III. 361. 1.

Dem Koche gebürt unstreitig auch ein Platz unter den Sophisten. Denn haarscharf und mit zwingender Logik weist er nach, dass in der Kochkunst ebensowenig wie in den anderen Künsten der Künstler allein den Erfolg bedingt, sondern vielfach auch der, welcher von den Kunstschöpfungen Gebrauch macht. Dem Koche kommt es zu, die Mahlzeit gut zu bereiten, demjenigen aber, welcher sie genießen, oder an ihr Kritik üben will, rechtzeitig zu erscheinen. Thut er das, so unterstützt er die Kunst. Kommt er dagegen zu spät oder zu früh, so dass entweder früher Gebratenes wieder aufgewärmt oder noch zu wenig Gebratenes eilig aufgetischt werden muss, so beraubt er die Kunst des Genusses, den sie sonst bieten würde.

A. Οὐκ ἴστε ταῖς πλείσταισι τῶν τεχνῶν ὅτι
οὐκ ἀρχιτέκτων κύριος τῆς ἡδονῆς
μόνος καϑέστηκ᾽, ἀλλὰ καὶ τὸν χρωμένων
συμβάλλεταί τις, ἂν καλῶς χρῶνται, μερίς;
B. ποῖόν τι; δεῖ γὰρ κἀμὲ τὸν ξένον μαϑεῖν.
A. τὸν ὀψοποιὸν σκευάσαι χρηστῶς μόνον
δεῖ τοὔψον, ἄλλο δ᾽ οὐδέν. ἂν μὲν οὖν τύχῃ
ὁ ταῦτα μέλλων ἐσϑίειν τε καὶ κρινεῖν
εἰς καιρὸν ἐλϑών. ὠφέλησε τὴν τέχνην·
ἂν δ᾽ ὑστερίζῃ τῆς τεταγμένης ἀκμῆς,
ὡς ἢ προωπτεύσαντα χλιαίνειν πάλιν,
ἢ μὴ προωπτήσαντα συντελεῖν ταχὺ,
ἐπεστέρησε τῆς τέχνης τὴν ἡδονήν.
B. εἰς τοὺς σοφιστὰς τὸν μάγειρον ἐγγράφω.

Kock: II. 351. 149, v. 1—14.

Aus den Reihen der Köche giengen nach den bekannten sieben Weltweisen zum zweitenmale sieben Weise hervor, von denen jeder sich auf seine Art auszeichnete. Agis von Rhodos erwarb sich durch seine Fischgerichte den höchsten Ruhm, Nereus von Chios war Specialist im

Kochen des Meeraals und machte ihn zur Götterspeise. Chariades aus Athen bereitete meisterhaft das weiße Feigengericht, Aphthonetos' Würste, Euthynos den Linsenbrei, Ariston zeigte vor allem seine Kunst bei Mahlzeiten aus gemeinschaftlichen Beiträgen, unter der Hand des Lamprias entstand zuerst die berühmte schwarze Suppe.

Ἆγις Ῥόδιος ὤπτηκεν ἰχθὺν μόνος ἄκρως·
Νηρεὶς δ' ὁ Χῖος γόγγρον ἧψε τοῖς θεοῖς·
Θρῖον τὸ λευκὸν δὲξ Ἀθηνῶν Χαριάδης·
ἀλλᾶντας Ἀφθόνητος, Εὔθυνος φακῆν·
ἀπὸ συμβολῶν συνάγουσιν Ἀρίστων ἦν πορεὺς,
ζωμὸς τε μέλας ἐγένετο πρῶτος Λαμπρίᾳ·
οὗτοι μετ' ἐκείνους τοὺς σοφιστὰς τοὺς πάλαι
γεγόνασιν ἡμῶν ἑπτὰ δεύτεροι σοφοί.
                                Kock: III. 317. 1, v. 5—12.

Ein Koch, der in der Litteratur nicht bewandert ist, der nicht den ganzen Demokritos und den Kanon des Epikur durchgelesen hat, soll sogleich schmählich, wie aus der Schule, entlassen werden.

Διόπερ μάγειρον ὅταν ἴδῃς ἀγράμματον.
μὴ Δημόκριτόν τε πάντα διανεγνωκότα
— — — — — — — — — — — — — — — —
καὶ τὸν Ἐπικούρου κανόνα. μισθώσας ἄφες.
ὡς ἐκ διατριβῆς.   Kock: III. 349. 2, v. 12—16.

Wie der Philosoph auf seinen Meister und Begründer des Systems, so ist auch der Koch stolz auf seinen Lehrer. Ein Koch bei Euphron rühmt sich, Schüler des Soterides zu sein, welcher einst dem Nikomedes, obwohl er zwölf Tagreisen vom Meere entfernt war, mitten im Winter die ἀφύη, eine Sardellenart, vorsetzte, welche jener sich gewünscht hatte, so dass alle in laute Rufe des Staunens ausbrachen.

Ἐγὼ μαθητὴς ἐγενόμην Σωτηρίδου.
ὃς ἀπὸ θαλάττης Νικομήδει δώδεκα
ὁδὸν ἀπέχοντι πρῶτος ἡμερῶν ποτε
ἀφύης ἐπιθυμήσαντι χειμῶνος μέσου
παρέθηκε τι, νὴ Δί', ὥστε πάντας ἀνακραγεῖν.
                                Kock: III. 323. 11.

Der Koch im Ἐγκαλυπτόμενος des Anaxippos weist stolz hin auf seinen Lehrer Sophon, dessen Ruf ganz Jonien erfüllte, einen der zwei Meister, deren Auftreten eine neue Epoche in der Kochkunst bezeichnete, die den Mörser und die veralteten, noch aus der Zeit des Kronos herübergenommenen Würzen beseitigten.

Ὁ Σόφων δὲ πᾶσα τὴν Ἰωνία ἔχει,
ἐμὸς γενόμενος, ὦ πάτερ, διδάσκαλος.
                                Kock: III. 296 1, v. 19—20.

Σόφων Ἀκαρτὰν καὶ Ῥόδιος Λαμάξενος
ἐγένονθ᾽ ἑαυτῶν σηματθῆναι τῆς τέχνης·

— — — — — — — —

οὗτοι τὰ μὲν παλαιὰ καὶ θρυλούμενα
ἀρτύματ᾽ ἐξήλειψαν ἐκ τῶν βιβλίων,
καὶ τὴν θυΐαν ἠφάνισαν ἐκ τοῦ μέσου.
οἷον λέγω κύμινον, ὄξος, σίλφιον,
τυρὸν, κορίαννον, οἷς ὁ Κρόνος ἀρτύμασιν
ἐχρᾶτο.   Kock: III. 296. 1, v. 1—9.

Allein noch der Schule des Sikon anzugehören, rühmen sich drei
Köche und behaupten, allein noch die wahre Kochkunst zu kennen, ein
treu bewahrtes Vermächtnis ihres Lehrers. Alle anderen Köche betrachtet
dieses glückliche Kleeblatt als verächtliche Stümper.

Τρεῖς ἡμεῖς
ἐσμὲν ἔτι λοιποὶ, Βοιδίων καὶ Χαριάδης
ἐγώ τε. τοῖς λοιποῖς δὲ προσπέρδον . . .
. . . τὸ διδασκαλεῖον ἡμεῖς σῴζομεν
τὸ Σίκονος. οὗτος τῆς τέχνης ἀρχηγὸς ἦν.
                    Kock: III. 314. 1, v. 10—14.

Verwandt mit diesem Stolze des Koches auf seine großen Lehrer
ist auch sein Stolz auf berühmte Persönlichkeiten, bei denen er zur Zu-
friedenheit oder gar ruhmvoll gedient hat. Der Kochkünstler im Ἀρεοπα-
γίτης des Demetrios war bei Seleukos Bereiter picanter Saucen, bei Aga-
thokles in Sicilien führte er zuerst das Königsgericht des Linsenbreies
ein, das schönste Reis aber flocht er in seinen Ruhmeskranz, als ein
gewisser Lachares einmal zur Zeit einer Hungersnoth seine Freunde be-
wirtete. Hier führte nämlich unser Koch die Kapper ein und bewirkte
dadurch eine Linderung des Landesübels.

Ἀρτυματοποιὸς παρὰ Σέλευκον ἐγενόμην·
παρ᾽ Ἀγαθοκλεῖ δὲ πρῶτος εἰσήνεγκ᾽ ἐγὼ
τῷ Σικελιώτῃ τὴν τυραννικὴν φακῆν·
τὸ μέγιστον οὐκ εἴρηκα· Λαχάρους τινὸς
ὅτ᾽ ἦν λιμός, ἑστιῶντος τοὺς φίλους
ἀνάληψιν ἐποίησ᾽ εἰσενέγκας κάππαριν.
                    Kock: III. 357. 1, v. 4—9.

Die Bedeutung der Kochkunst in den Augen ihrer Vertreter geht
auch aus dem Umstande hervor, dass sie, wie der Koch in den Σαμο-
θρᾷκες des Athenio behauptet, am meisten zur frommen Lebensführung,
zur sittlichen Bildung, zur Cultur überhaupt beigetragen haben soll. Denn
sie war es, welche die Menschen vom wilden, gesetzlosen Leben, von
der entwürdigenden Sitte der Menschenfresserei zu Gesetz und Ordnung

führte und so die jetzige Lebensweise anbahnte. Zur Zeit nämlich, als die Menschen noch ihresgleichen zu verzehren pflegten, als noch die trostlosesten Zustände herrschten, trat einmal ein aufgeweckter Koch auf, schlachtete ein Thier und briet dessen Fleisch. Da man dieses wohlschmeckender fand als Menschenfleisch, verzehrte nun nicht mehr der Mensch den Menschen, sondern man schlachtete Thiere und kochte deren Fleisch. Nachdem einmal ein Anfang gemacht war, nachdem man an diesen Erstlingsgerichten der Kochkunst Gefallen gefunden hatte, wurde dieselbe nun allmählich weiter ausgebildet. Beweis für die ursprüngliche Einfachheit der Mahlzeiten sind noch die Opfer für die Götter. Diesen wird das Opferfleisch auch in später Zeit noch ohne Hinzufügung von Salz verbrannt, weil dasselbe ursprünglich als Würze der Speisen nicht bekannt war.

Οὐκ οἶσϑ᾽ ὅτι πάντων ἡ μαγειρικὴ τέχνη
πρὸς εὐσέβειαν πλεῖστα προσενήνεχϑ᾽ ὅλως;

— — — — — — — — — —

τοῦ ϑηριώδους καὶ παρασπόνδου βίου
ἡμᾶς γὰρ ἀπολύσασα καὶ τῆς δυσχεροῦς
ἀλληλοφαγίας. ἤγαγ᾽ εἰς τάξιν τινά,
καὶ τουτονὶ περιῆψεν ὃν νυνὶ βίον
ζῶμεν — — — — — — —
ἀλληλοφαγίας καὶ κακῶν ὄντων συχνῶν.
γενόμενος ἄνϑρωπός τις οὐκ ἀβέλτερος
ϑύσας ἱερεῖον πρῶτος ὤπτησεν κρέας.
ὡς δ᾽ ἦν τὸ κρέας ἥδιον ἀνϑρώπου κρεῶν,
αὑτοῖς μὲν οὐκ ἐμασῶντο. τὰ δὲ βοσκήματα
ϑύοντες ὤπτων, ὡς δ᾽ ἅπαξ τῆς ἡδονῆς
ἐμπειρίαν τιν᾽ ἔλαβον, ἀρχῆς γινομένης.
ἐπὶ πλεῖον ηὖξον τὴν μαγειρικὴν τέχνην.
ὅϑεν ἔτι καὶ νῦν τῶν πρότερον μεμνημένοι
τὰ σπλάγχνα τοῖς ϑεοῖσιν ὀπτῶσιν φλογὶ
ἅλας οὐ προσάγοντες· οὐ γὰρ ἦσαν οὐδέπω
εἰς τὴν τοιαύτην χρῆσιν ἐξευρημένοι.

Kock: III. 369. 1, v. 1—20.

Das erste Verdienst der edlen Kochkunst war somit die Abschaffung der grässlichen Anthropophagie. Auch die Weiterentwicklung der Cultur verdankt die Menschheit dem Koche, und zwar war es die γαστρίον ὀνϑυλευμένον, Füllmagen, benannte Speise, welche berufen war, hier bahnbrechend zu wirken. Glücklicherweise wird uns auch die Zusammensetzung dieses epochemachenden Gerichtes nicht verschwiegen. Der μάγειρος kocht ein Böckchen weich, verbindet das gesottene Fleisch des-

selben lagenweise mit Schmorfleisch, würzt das Ganze mit süßem Weine
und gibt frische und eingesalzene Fische, Meerpolypen, Grünzeug, Graupen-
körner und Honig dazu, alles fein vermengt. Sobald die Menschen einmal eine solche Speise verkostet haben, empfinden sie nicht nur Ekel
vor dem Essen von Menschenfleisch, sondern der gemeinschaftliche Genuss
bei so edlem Mahle erweckt in ihnen auch den Wunsch, gemeinschaft-
lich zu leben. Sie sammeln sich, es entstehen Städte, durch die Kochkunst begründet und bevölkert. Die Köche sind es also, welche die
Grundlagen eines frommen und rechtschaffenen Lebens entdeckt haben,
ihnen sind daher auch die Götter am meisten gewogen und empfangen
am liebsten aus ihrer Hand die Opfergaben und Spenden.

> Μετὰ ταῦτα γαστρίον τις ὀνθυλευμένον
> προϊόντος εἰσήνεγκα' ἤδη τοῦ χρόνου·
> ἐρίφου ἐιακέρωσε, πνικτῷ διέλαβεν
> περικομματίῳ, διεγγραψ' ὑποκρούσας γλυκεῖ,
> ἰχθύι παρειδεκτάλωσεν οὐδ' ὁρώμενον.
> λάχανον, τάριχος, πολύποδας, χόνδρον, μέλι.
> ὡς πολὺ δὲ διὰ τὰς ἡδονὰς ὡς νῦν λέγω
> ἀπεῖχ' ἕκαστος τοῦ φαγεῖν ἂν ἔτι νεκροῦ.
> αὐτοῖς ἅπαντες ἡξίουν ση̃ν. ὄχλος
> ἠθροίζετ', ἐγένονθ' αἱ πόλεις. οἰκούμεναι
> διὰ τὴν τέχνην ὅπερ εἶπα. τὴν μαγειρικήν.

> κατασχόμεθ' ἡμεῖς οἱ μάγειροι, θύομεν,
> σπονδὰς ποιοῦμεν, τῷ μάλιστα τοὺς θεοὺς
> ἡμῖν ὑπακούειν διὰ τὸ ταῦθ' εὑρηκέναι
> τὰ μάλιστα συντείνοντα πρὸς τὸ ζῆν καλῶς.

Kock: III. 369. 1, v. 28—43.

Seiner Aufschneiderei ist sich der Koch auch vollkommen bewusst.
Als beste Würze seiner Kunst gilt ihm die Großthuerei, welche, wie er
meint, überhaupt die Künste fast beherrscht.

> ... Τῶν ἡδυσμάτων
> πάντων κράτιστόν ἐστιν ἐν μαγειρικῇ
> ἀλαζονεία· τὸ καθ' ὅλον δὲ τῶν τεχνῶν
> ὄψει σχεδόν τι τοῦτ' ἡγούμενον.

Kock: III. 342. 23, v. 3—6.

Wenn nämlich der Koch, der mit seinen Dienern und Schülern ins
Haus eines Privaten kommt, gleich bei seinem Eintritte den Herrn mit
anmaßender Grobheit Knicker und Hungerleider betitelt, so verschafft er
sich augenblicklich bei allen Respect. Wenn er dagegen bescheiden sich
nur als das ausgibt, was er wirklich ist, so kann er mit einer Tracht
Prügel auf dem Rücken wieder abziehen.

'Ο μάγειρος ἂν μὲν ὑποδιακόνους ἔχων
πρὸς τὸν ἰδιώτην καὶ μαθητὰς εἰσίῃ,
κυμινοπρίστας πάντας καὶ λιμοὺς καλῶν.
ἔτι τῇξ ἕκαστος εἰθέῃξ· ἃ δ' ἀληθινὸν
ὀαρτὸν παραβάλλῃξ. καὶ προσεκδαρεὶς ἄπει.

Kock: III. 342. 23, v. 10—14.

Daher auch die Mahnung an die Schüler, dem leeren Scheine Raum
zu geben.

'Ὑπὲρ οὖ ὑπεθέμῃι, τῷ κενῷ χώραν δίδου.

Kock: III. 342. 23, v. 15.

Trefflich versteht es der Koch, wenn er in etwas gefehlt hat, die
Schuld auf einen anderen zu schieben, und es scheint bei den Griechen
sprichwörtlich gewesen zu sein : «Der Flötenbläser bekommt die Schläge,
die der Koch verdient hat.»

"Οτι ἂν τύχῃ
ὁ μάγειρος ἀδικήσαξ, τὸν αὐλητὴν λαβεῖν
πληγάξ.

Kock: I. 784. 10.

Ἀλλ' ἠκούσαμεν
καὶ τοῦτο. νὴ τὴν Ἑστίαν, οἴκοι ποθ' ὡς
ὅσ' ἂν ὁ μάγειρος ἐξαμάρτῃ, τύπτεται,
ὥς φασιν, αὐλητὴξ παρ' ὑμῖν.

Kock: II. 184. 60.

Der Koch begnügt sich aber nicht mit leeren Worten, wie sie uns
in seiner bisherigen Charakteristik hinlänglich begegnet sind, sondern er
ist auch wohl auf seinen eigenen Vortheil bedacht. Daher lässt er sich
auch nicht von jedem dingen. Darüber spricht sich der μάγειρος im
Ζωγράφος des Diphilos folgendermaßen aus: «Ich gehe nicht eher, als
bis ich geprüft habe, wer derjenige ist, welcher das Mahl veranstaltet,
woraus es bestehen soll und was für Leute geladen sind. Ich führe ein
Verzeichnis von allen Ständen, an welche ich mich verdingen kann und
vor welchen ich mich zu hüten habe. Was zum Beispiel den Kaufmanns-
stand betrifft, so kommt dir da ein Schiffsherr, der beim Sturme den
Mast seines Schiffes verloren oder das Steuerruder eingebüßt oder, vom
eingedrungenen Seewasser bedrängt, die Ladung über Bord geworfen hat,
und will dich zur Veranstaltung des Opfers dingen, das er für die Rettung
seines Lebens gelobt hat. Einen solchen lasse ich gewöhnlich wieder
gehen. Denn er thut nichts freiwillig, sondern nur soweit es ihm die
Pflicht gebietet. Schon während der Opferspenden rechnet er sich die
Portionen aus, die er seinen Fahrtgenossen zu geben hat; wenig Fleisch,
aber viel Zorn und Ärger bereitet er ihnen als Opferschmaus.
Ganz anders macht es dagegen ein anderer Kaufherr, der eben
aus Byzanz gekommen ist, glücklich und unversehrt, nach nur dreitägiger

Fahrt, voll Freude darüber, an einer Mine zehn oder zwölf verdient zu haben. Prahlerisch führt er in seinen Gesprächen seine Schiffsladung und sein auf Zinsen angelegtes Geld im Munde und überlässt sich ganz der Lust und dem Genusse. Ein solcher ist mein Mann. An ihn mache ich mich heran, sobald er aus dem Schiffe steigt, reiche ihm freundlich die Rechte, spreche vom rettenden Zeus und spiele den gehorsamsten Diener. Das ist hier die richtige Art. Ein Jüngling wiederum verprasst und vergeudet in Liebschaften sein väterliches Vermögen. Auch mit diesem gehe ich.

Ein anderesmal stürzen junge Männer, die sich gegenseitig gefunden haben und nun aus gemeinschaftlichen Beiträgen einen Schmaus veranstalten möchten, mit unten zerfetztem Gewande auf den Keramos und schreien: «Wer will eine einfache Mahlzeit bereiten?» Diese lasse ich ruhig weiterschreien. Denn wenn man hingeht, kann man die ganze Nacht arbeiten und dafür Schäge erwarten. Wenn man aber den bescheidenen Lohn verlangt, so heißt es: «Bring mir zuerst dies und jenes! Der Linsenbrei hatte keinen Essig.» Und wenn man seine Forderung wiederholt, so ruft einer: «Du wirst noch vor Schmerz laut schreien und darin Dich vor allen Köchen hervorthun wollen.» «Noch vieles andere von der Art könnte ich erzählen.»

Οὐ γὰρ βαδίζω πρότερον ἂν μὴ δοκιμάσω
τίς ἐσθ᾽ ὁ θύων, ἢ πόθεν συνίσταται
τὸ δεῖπνον, ἢ κέκληκεν ἀνθρώπους τίνας.
ἔστιν δ᾽ ἁπάντων τῶν γενῶν μοι διαγραφή.
εἰς ποῖα μισθοῦν ἢ φυλάττεσθαί με δεῖ.
οἷον τὸ κατὰ τοὐμπόριον, εἰ βούλει, γένος.
ναύκληρος ἀποθύει τις εὐχήν, ἀποβαλών
τὸν ἱστὸν ἢ πηδάλια συντρίψας νεώς,
ἢ φορτί᾽ ἐξέρριψ᾽ ὑπέραντλος γενόμενος·
ἀφῆκα τὸν τοιοῦτον· οὐδὲν ἡδέως
ποιεῖ γὰρ οὗτος. ἀλλ᾽ ὅσον νόμου χάριν.
ὁμοῦ δὲ ταῖς σπονδαῖσι διαλογίζεται
τοῖς συμπλέουσιν ὁπόσον ἐπιβάλλει μέρος
τιθεὶς τὰ δ᾽ αὑτοῦ σπλάγχν᾽ ἕκαστος ἐσθίει.
ἀλλ᾽ ἕτερος εἰσπέπλευκεν ἐκ Βυζαντίου
τριταῖος, ἀπαθής, εὐπορηκώς, περιχαρής
εἰς δέκ᾽ ἐπὶ τῇ μνᾷ γεγονέναι καὶ δώδεκα,
λαλῶν τε ναῦλα καὶ δάνει᾽ ἐρυγγάνων,
ἀφροδίσι᾽ ὑπὸ κόλλοψι μαστροποῖς ποιῶν.
ὑπὸ τοῦτον ὑπέκυψ᾽ εὐθὺς ἐκβεβηκότα,
τὴν δεξιὰν ἐνέβαλον, ἐμνήσθην Διὸς

ὠσπέρους, ἐμπέπηγα τῷ διακονεῖν.
τοιοῦτος ὁ τρόπος· μειράκιον ἐρῶν πάλιν
τὰ πατρῷα βρύκει καὶ σπαθᾷ· πορεύομαι.
ἀπὸ συμβόλων συνάγοντα νὶ Δι' ἕτερά που
ἐνέβαλεν εἰς τὸν κέραμον ἐνεωρμένα,
τὰ κράσπεδ' ἀποθλιβέντα καὶ κεκραγότα
ὀψάριον ἀγοραῖον ποιεῖν τίς βούλεται;
ἐῶ βοᾶν· πληγὰς γὰρ ἐνι προσλαμβάνειν
ἐλθόντα καὶ τὴν τύχϑ' ὅλην διακονεῖν.
τὸ μισθάριον γὰρ ἂν ἀπαιτῇς, ἁμίδα μοι
ἔνεγκε πρῶτον φησίν. ὄξος ἡ φακῇ
οὐκ ἔχει· πάλιν ἥρτισας, ὀμώξει μακρὰ
πρῶτος μαγείρων,' φησίν. ἕτερα μυρία
τοιαῦτα καταλέξαιμ' ἄν.

Kock: II. 353. v. 4—38.

Wir finden es schließlich auch ganz in der Ordnung, dass der Koch auf seinen Vortheil sieht und sich nicht von jedem dingen lässt. Nicht mehr verzeihlich aber ist es, wenn diese Rücksicht auf den eigenen Vortheil in die Neigung zum Stehlen ausartet, wie sie uns beim Koche in der Komödie mehrfach begegnet. Diese üble Eigenschaft des μάγειρος tritt hervor in der Ἀποκλειομένη des Poseidippos, wie man auch sonst die betreffende Stelle deuten mag. Dort spricht ein Sclave als Koch: «Dies verhält sich nun so. Jetzt, da ich beim Herrn selbst diene, gestaltet sich mir meine Lage ganz hübsch. Ich werde nicht ertappt werden, wenn ich Fleisch entwende.»

Ταυτὶ μὲν οὖν τοιαῦτα· συμβαίνει δέ τι
νῦν μοι διακονοῦντι παρὰ τῷ δεσπότῃ
ἀστεῖον· οὐχ ἁλώσομ' ἐκφέρων κρέας.

Kock: III. 336. 2.

Der Lehrer des Lykos in den Ἀδελφοί des Euphron rühmt sich, zuerst das Stehlen erfunden zu haben, und zwar in solcher Weise, dass niemand ihn deshalb hasst, sondern dennoch alle gern aufnehmen. Auf seinen Schüler Lykos aber ist er stolz, weil dieser noch etwas Neues dazu erfunden hat. Als nämlich grauhaarige Alte von Tenos nach langer, glücklich beendigter Seereise nur einen kleinen, mageren Bock schlachten lassen, und es weder dem Lykos noch seinem Meister möglich wird, noch etwas davon beiseite zu bringen, da zwingt der kluge Schüler die knauserigen Greise, noch zwei andere Böcke herbeizuschaffen. Denn während jene eifrig die Leber besichtigen, ergreift Lykos heimlich die Nieren und schleudert sie dreist in die Cisterne. Freilich bereitet er dadurch große Aufregung: «Das Thier hat keine Nieren», rufen die Alten und alle Anwesenden senken in Trauer über den Verlust das Haupt. Denn ein Thier mit solchem Fehler darf den Göttern nicht dargebracht werden, um ihr Gelübde zu erfüllen müssen die sparsamen Greise für ein anderes Opferthier sorgen. Diesmal eignet sich der listige Schüler heimlich das Herz an, so dass auch dieser Bock für das Opfer nicht tauglich, und die Schlachtung eines dritten nothwendig ist. Jetzt bietet sich auch für den Koch leicht Gelegenheit, dafür zu sorgen, dass er nicht mit leerer Hand von dannen ziehen muss; unser Wolf [Λύκος] hat die Kunst erfunden, nicht vergeblich nach etwas zu schnappen.

> Ἐγὼ δ' ὁρῶν τὰ πολλὰ προκατειλημμένα
> εὗρον τὸ κλέπτειν πρῶτος, ὥστε μηδένα
> μισεῖν με διὰ τοῦτ' ἀλλὰ πάντας λαμβάνειν·
> ἐπ' ἐμοῦ δ' ὁρῶν σὺ τοῦτο προκατειλημμένον
> ἴδιον ἐφεύρηκάς τι, καὶ τοῦτ' ἐστὶ σόν.
> πέμπτην ἔθνον ἡμέραν οἱ Τήνιοι,[1)]
> πολλοὶ γέροντες, πλοῦν πολὺν πεπλευκότες,
> λεπτὸν ἐρίφιον καὶ μικρόν. οὐκ ἦν ἐκφορὰ
> Λύκῳ κρεῶν τοῦτ' οὐδὲ τῷ διδασκάλῳ·
> ἑτέρους πορίσασθαι δι' ἐρίφους ἠνάγκασας·
> τὸ γὰρ ἧπαρ αὐτῶν πολλάκις σκοπουμένων,
> καθεὶς κάτω τὴν χεῖρα τὴν μίαν λαθὼν
> ἔρριψας εἰς τὸν λάκκον ἰταμῶς τὸν νεφρόν.
> πολὺν ἐποίησας θόρυβον 'οὐκ ἔχει νεφρὸν'
> ἔλεγον· ἔκνιπτον οἱ παρόντες ἀποβολῇ·
> ἔθυσαν ἕτερον. τοῦ δὲ δευτέρου πάλιν
> τὴν καρδίαν εἶδόν σε καταπίνοντ' ἐγώ.
> πάλαι μέγας εἶ, γίνωσκε· τοῦ γὰρ μὴ χανεῖν
> λύκον διακενῆς σὺ μόνος εὕρηκας τέχνην.

Kock: III. 317. 1, v. 13—31.

In den Συνέφηβοι des Euphron gibt der Koch seinem Schüler Karion Unterweisungen, wann er die vom Meister erlernte Kunst des Stehlens anzuwenden habe und wann nicht. Dort, wo bezahlt wird, was der Koch verlangt, darf es nicht vorkommen, dass fast allen Gründlingen die Leber fehlt und dass andere Fische ganz verschwinden. Wenn aber der Gastgeber ein alter Geizhals ist und der Lohn ein recht spärlicher, dann soll der Schüler stehlen, wo immer sich Gelegenheit bietet, und wehe ihm, wenn er dann nicht auch noch die Kohlen einsteckt.

> Ὅταν ἐρανισταῖς, Καρίων, διακονῇς,
> οὐκ ἔστι παίζειν, οὐδ' ἃ μεμάθηκας ποιεῖν.

[1)] Leseart nach Meineke. Kock liest hier: ἡμέραν οἵ τινι οἱ πολλοὶ γέροντες.

ἐχθὲς κεκινδύνευκας· οὐδεὶς εἶχέ σοι
κωβιὸς ὅλως· γὰρ ἧπαρ, ἀλλ' ἦσαν κενοί·
εἰς κέφαλος ἠλλοίωτο. δεῖ δὲ, Καφίων,[1]
ὅταν μὲν ἔλθῃς εἰς τοιοῦτον συρφετὸν,
Δρόμωνα καὶ Κέρδωνα καὶ Σωτηρίδην,
μισθὸν διδόντας ὅσον ἂν αἰτῇς ἁπλῶς,
εἶναι δίκαιον, οὗ δὲ νῦν βαδίζομεν,
εἰς τοὺς γάμους, ἀνδροφόνον, ἂν τουτ' αἰσθάνῃ.
ἐμὸς εἰ μαθητὴς καὶ μάγειρος οὐ κακὸς.
ὁ καιρὸς εὐκτός· ὠφελοῦ. φιλάργυρος
ὁ γέρων, ὁ μισθὸς μικρός· εἴ σε λήψομαι
νῦν μὴ κατεσθίοντα καὶ τοὺς ἄνθρακας,
ἀπόλωλας·　　　　　Kock: III. 322. 10, v. 1—15.

Eine ähnliche Weisung erhält der Schüler in den Ὁμώνυμοι des
Dionysios: «Wohlan, Dromon, beweise mir, ob Du etwas Listiges, Kluges
oder Feines auszuführen verstehst. Jetzt fordere ich als Meister von Dir
eine Probe Deiner Geschicklichkeit. Ich führe Dich auf den Kampfplatz.
Greife nur muthig an. Abgezählt gibt man Dir die Fleischstücke und be-
obachtet Dich. Koche nun diese recht weich und siede sie recht stark,
so dass sie von selbst auseinanderfallen, und mache dadurch ein Nach-
zählen vergeblich. Ist ein großer frischer Fisch da, so gehört sein Inneres
Dir. Und wenn Du einen Pökelfisch auf die Seite bringst, so gehört er
gleichfalls Dir, solange wir hier im Hause sind, draußen aber mir. Die
Eingeweide und ähnliche Dinge, die nicht nachgezählt werden und keine
Überweisung des Diebstahles befürchten lassen, da sie nur als Gehäksel
auf den Tisch kommen, sollen morgen Dich und mich laben. Dem Verkäufer der Diebesbeute aber gewähre nur einen ordentlichen Antheil,
damit er Dir um so dienstfertiger entgegenkommt. Doch wozu soll ich
Dir, da Du es so wie so schon weißt, noch vieles sagen? Du bist mein
Schüler, ich Dein Meister. Vergiss das nicht, und gehe nun mit mir.»

Ἄγε δὴ, Δρόμων, νῦν εἴ τι κομψὸν ἢ σοφὸν
ἢ γλαφυρὸν οἶσθα τῶν σεαυτοῦ πραγμάτων,
φανερὸν ποίησον τοῦτο τῷ διδασκάλῳ.
νῦν τὴν ἀπόδειξιν τῆς τέχνης αἰτῶ σ' ἐγώ.
εἰς πολεμίαν ἄγω σε· θαρρῶν κατάτρεχε·
ἀριθμῷ διδόασι τὰ κρέα καὶ τηροῦσί σε.
ταχέα ποιήσας ταῦτα καὶ ξέσας σφόδρα
τὸν ἀριθμὸν αὐτῶν, ὡς λέγω σοι, σύγχεον.
ἰχθὺς ἁδρὸς πάρεστι· τἀντὸς ἐστι σά.

[1] Leseart nach Meineke. Kock liest ἐράτω ος statt δὲ κέφαλος.

3*

κᾶν τέμαχος ἐκκλίνης τι, καὶ τοῦτ' ἐστί σόν,
ἕως ἂν ἔνδον ὦμεν· ὅταν ἔξω δ', ἐμόν.
ἐξαιρέσεις καὶ τἄλλα τἀκόλουθ' ὅσα
οὔτ' ἀριθμὸν οὔτ' ἔλεγχον ἐφ' ἑαυτῶν ἔχει,
περικόμματος δὲ τάξιν ἢ θέσιν φέρει,
εἰς αὔριον σὲ κἀμὲ ταῦτ' εὐφρανέτω.
λαγρωπόλῃ παντάπασι μεταδίδου.
τὴν πάροδον ἵν' ἔχῃς τῶν θυρῶν εὐνουστέραν.
τί δεῖ λέγειν με πολλὰ πρὸς συνειδότα;
ἐμὸς εἰ μαθητίς, σὸς δ' ἐγὼ διδάσκαλος.
μέμνησο τῶνδε καὶ βάδιζε δεῦρο ἅμα.

Kock: II. 425. 3.

Will man die Fehler des Koches aus Kochesmunde hören, so braucht man nur auf den Markt zu gehen und einen μάγειρος zu dingen. Voll Neid und Eifersucht werfen jetzt die übrigen dem, welchem es geglückt ist, einen Auftraggeber zu finden, alles Mögliche vor. Der eine weiß die Nase, der andere den Mund, ein dritter die Zunge des Collegen zu tadeln. Er versalzt oder versäuert die Speisen, lässt alles anbrennen, erträgt nicht Rauch und nicht Hitze. Und in ihrer Hitze greifen sie dann gewöhnlich zum Messer.

Ἐγὼ μάγειρον ἅμα λαβὼν ἀκήκοα
τὰ τῶν μαγείρων πάντα καθ' ἕκαστα κακά.
αἱ ἐργολαβοῦντες ἔλεγον, ὁ μὲν, ὡς οὐκ ἔχει
ῥῖνα κριτικὴν πρὸς τοὔψον, ὁ δ' ὅτι τὸ στόμα
πονηρὸν, ὁ δὲ τὴν γλῶτταν εἰς ἀσχημονεῖς
ἐπιθυμίας ἕκατι τῶν ἡδυσμάτων,
κάθαλος, κάτοξος, χλιανστικὸς, προσκαυστικὸς,
καπνὸν οὐ φέρων, πῦρ οὐ φέρων· ἐκ τοῦ πυρὸς
εἰς τὰς μαχαίρας ἦλθον.

Kock: III. 355. 1, v. 1—9.

Die Charakterfigur des Koches begegnet uns also in allen Perioden der griechischen Komödie, der Koch ist eine der beliebtesten Typen. An ihm übten die Komiker mit Vorliebe ihren Witz, mit ihm unterhielten sie besonders gern ihr Publicum.

Schulnachrichten.

I. Personalstand des Lehrkörpers u. Fächervertheilung.

(Vollendete Dienstjahre der Professoren.)

(NB. D. bedeutet Deutsch; Gr. Griechisch; H. Geographie und Geschichte; L. Latein; M. Mathematik; Ng. — Naturgeschichte; Nl. Naturlehre; Ph. Phil. Propädeutik; R. Religion; St. — wöchentl. Stundenzahl; Dj. Dienstjahre.

1. Leo Unterberger, Director und Rector des Collegiums, lehrte L. im VII. C. St. 5. Dj 38.
2. P. Willibald Rubatscher, O. S. B., Capitular des Stiftes Admont, emer. k. k Professor, Besitzer des goldenen Verdienstkreuzes mit der Krone, lehrte Gr. im V. und VI. C. St. 10. Dj. 33.
3. Aldobrand Weissteiner, wegen Kränklichkeit beurlaubt. Dj. 34.
4. Albert Unterweger, Exhortator, lehrte R. im I, IV.—VIII. C., Phil. Propäd. im VII. und VIII. C. St. 16. Dj. 35 und 7 Monate.
5. Ivo Sint, Custos des physik. Cabinetes, lehrte M. im V., VI. und VIII. C.; Nl. im VIII., IV. und III. C. St. 1. Sem. 17, 2. Sem. 15. Dj. 34.
6. Isidor Steurer, Ordinarius im VI. C., lehrte H. im II., IV., VI. und VIII. C. St. 15. Dj. 26.
7. Alphons Quellacasa lehrte Ital. im IV., V. und VI. C.; Ng. im I, II, III. (2. Sem.), V. und VI. C. St. 1. Sem. 17, 2. Sem. 19. Dj. 22.
8. Ambros Hämmerle lehrte D. im IV. und VI. C.; R. im II. und III. C. St. 10. Dj. 19 und 6 Monate.
9. Eduard Jochum, Bibliothekar, Ordinarius im VIII. C., lehrte L. und Gr. im VIII., Gr. im VII. C St. 14. Dj. 17.
10. Hartmann Ammann, Corresp. der k. k. Central-Commission zur Erforschung und Erhaltung der Kunst- und histor. Denkmale in Wien. III. Sect., Ordinarius im V. C., lehrte H. im I., III., V. und VII. C.; D. im III. C. St. 15. Dj. 14.

11. Theodor Wieser, Ordinarius im III. C., lehrte L. und Gr. im
    III. C ; D. im V. und VIII. C. St. 17. Dj. 12.
12. Jacob Vallazza, Ordinarius im I. C., lehrte L. und D. im I. C.;
    L. im V. C. St. 18. Dj. 10.
13. Dr. Nikolaus Nessler, Weltpriester, Ordinarius im II. C., lehrte
    L. und D. im II. C.; D. im VII. C. St. 15. Dj. 3 (mit Erlass des
    k. k. Landesschulrathes vom 19. April 1899 Nr. 1290 der Titel
    «Professor» zuerkannt).
14. Karl Meusburger, Weltpriester, Ordinarius im VII. C., lehrte
    M. I.—IV. und VII. C.; Nl. im VII. C. St. 18. Dj. 3 (mit Erlass
    des k. k. Landesschulrathes vom 19. April 1899 Nr. 1290 der Titel
    «Professor» zuerkannt).
15. Josef Jlg, Ordinarius im IV. C., lehrte L. und Gr. im IV. C.;
    L. im VI. C. St. 16. Dj. 2 (approbierter Lehramtscandidat).

II. Lehrstoff.

Da der vorgeschriebene Lehrplan eingehalten wurde, genügt es, die
Lectüre aus den classischen Autoren und die im Obergymnasium ge-
gebenen Themen nachstehend anzuführen.

Lectüre im Obergymnasium.

1. Lateinische.

V. Classe: Livius (ed. Zingerle), lib. I., lib. XXI. Ovid (ed. Golling),·
   Metamorphos. 6, 12. Fast. 4, 9, 14, 17, 18. Trist. 2, 3, 5, 8, 11.
   Ex Ponto 2, 4, 7. Privatlectüre: Livius, lib. XXII. c. 1—30.
   Ausgewählte Stücke aus Ovid.
VI. Classe: Sallust (ed. Scheindler), Bellum Jug. c. 1—80. Cicero (ed.
   Nohl), or. Catil. I, II. Vergil (ed. Hoffmann), Aen. lib. I, II. Laudes
   Italiae, Ecloga I.
VII. Classe: Cicero de imperio Cn. Pompei (Nohl); Laelius, de amicitia
   (Theod. Schiche); pro Milone (Nohl); Vergil (Hoffmann), Aeneide
   III, IV, V, VI.
VIII. Classe: Tacitus, Germania c. 1—26; Hist. I—c. 84; Annalen I. c.
   49—72; II. c. 5—26 (ed. Müller). Horaz: Od. I. 1, 2, 3, 4, 6, 7,
   10, 11, 14, 15, 18, 22, 28, 32; II. 2, 3, 10, 13, 15, 18; III. 1, 2,
   3, 4, 5, 6, 30; IV. 2, 4, 12, 14; Epoden 1, 2, 7; Satir. I. 1, 9;
   Epist. I. 1, 2, 20; II. 3 (ed. Huemer).

2. Griechische.

V. Classe: Xenoph. nach K. Schenkls Chrestomathie. Anab. Stück I. II. III. V. VI. Ilias (ed. Christ) I. II.

VI. Classe: Ilias (ed. Christ) 6. 7. 16. 24. Xenoph. Cyrop. (ed. Schenkl) I. III. IV. Herodot (ed. Hintner) Stück 6, 7, 10—14, 18, 25—29, 36—38, 40, 41, 44, 46—48.

VII. Classe: Demosthenes 1, 2, 3. Olynth. Rede 1, 2, 3. Philipp. Rede (Wotke); Hom. Odysse I.—VI., XIX., XX. (Christ).

VIII. Classe: Platons Apologie und Kriton (ed. Christ); Protagoras (Kral); Sophocles König Oedipus (Schubert); Homer Odysse XIX. XX. XXI. (Stolz).

Themata zu den deutschen Aufsätzen.

V. Curs.

1. Wer den Kern haben will, muss die Nuss knacken. — 2. Welche Bedeutung hat die Theaterscene in den Kranichen des Ibykus? 3. «Des Lebens ungemischte Freude Ward keinem Irdischen zutheil»! (Schiller.) 4. «Der Sang ist eine milde Kunst» (E. Ebert). — 5. Inhalt der Schiefertafeln auf Salas y Gomez (Nach Chamisso.) — 6. Eine Sage aus der Heimat. — 7. Der Verräther Orontas und sein Schicksal. (Xen. Anab.). — 8. Henning verklagt Reineke vor dem König. (R. Fuchs, I.) — 9. Si sapis, sis apis! — 10. Ein Witterungsbericht. — 11. Die Jünglinge nach Fröhlich. — 12. Mitgegangen, mitgefangen, mitgehangen. — 13. Hannos Rede gegen Hannibal. (Liv. XXI. 10.) — 14. Der Königslieutenant Graf Thorane. (Nach Göthes Dichtung und Wahrheit.) — 15. Die Kriegserklärung des Q. Fabius. (Liv. XXI. 18.) 16. «Ein treuer Freund — drei starke Brücken In Freud', in Leid und hinterm Rücken.» 17. Nicht alle Blüten werden Früchte. — 18. Metrische Übung.

VI. Curs.

1. *Gedankengang in der Einleitung zu Sallusts «Jugurtha». — 2. Brixen im Herbste. (Ein Landschaftsbild.) — 3. *Ferro nocentius aurum. — 4. u. 6. Eine Tanne erzählt ihre Lebensgeschichte. — 5. *Der Saalbrand. (Nach Nibel, 20.) — 7. *Kenntnisse sind der beste Reichthum. — 8. Inwiefern ist der Ackerbau die Grundlage aller Cultur? — 9. *Eine Hand wäscht die andere. (In einer Erzählung zu zeigen.) 10. *Der Schiffbruch des Aeneas. (Nach Vergil.) — 11. Blüten und Hoffnungen. —

* Die mit * bezeichneten Arbeiten sind Schularbeiten.

12. *Noth entwickelt Kraft. — 13. Die steigende Handlung in Schillers «Jungfrau von Orleans».

VII. Curs.

1. Und musst du denn trotz Kraft und Muth
   In jedem Dorn dich ritzen,
   So hüt' dich nur mit deinem Blut
   Die Rosen zu bespritzen.
2. Besser ist's, die Menschen sagen:
   «Dreimal mehr verdientest du!»
   Als dass Weise spöttisch fragen:
   «Sagt, wie kam der Narr dazu?»
3. Charakter des Cid. — 4. Der Mann ist nicht mehr wert als sein Charakter, wenn er auch zu Pferde sitzt. — 5. Orest und Pylades. — 6. Metrische Übung. (Weihnachten.)
7. Es ist das kleinste Vaterland
   Der größten Liebe nicht zu klein.
   Je enger es dich rings umschließt,
   Je näher wird's dem Herzen sein.
8. Der Menschen Sünden leben fort in Erz,
   Ihr edles Wirken schreiben wir ins Wasser.
9. Vita nunquam felix, nisi honesta. — 10. Wodurch gibt sich im «Götz von Berlichingen» der Eintritt einer neuen Zeit kund? — 11. Mortimer-Handlung und deren Träger.
12. Im Wasser kannst du dein Antlitz sehen,
    Im Wein des andern Herz erspähen.
13. Die Erd' ist schön genug, den Himmel zu erwarten,
    Ihn zu vergessen, ist nicht schön genug, ihr Zarten.
14. Charakter des Brutus. (In Shakespeares Jul. Cäsar.)
15. Oft brummt der Pessimist mit Fug:
    «Die Suppe ist versalzen genug!»
    Der Optimist, der schnalzt vergnüglich:
    «Ja, unser Salz, das salzt vorzüglich!»
16. Schillers Flucht.

VIII. Curs.

1. Von dem Dome schwer und bang
   Tönt der Glocke Grabgesang.
   (Anlässlich der Ermordung Ihrer Majestät der Kaiserin.)
2. Das häusliche Leben der Germanen. — 3. «Die Wünsche verhüllen uns selbst das Gewünschte.» (Gothe, Herm. u. Dor. V, 69.)

4. «Sprich, wie du dich immer und immer erneust?
   Kannst's auch, wenn du dich immer am Großen erfreust.» (Göthe.)
5. Muth gibt Offenheit, Furcht schmiedet Ränke. — 6. Julius Cäsar nach
   Shakespeare. — 7. Vorläufer der Romantiker. — 8. Wie weit dein
   Geistesaug — so weit dein Bruderherz.
9. «...Cui lecta potenter erit res,
      Nec facundia deserit hunc nec lucidus ordo.»
                                               (Hor. a. p. 40.)
10. Rudolf von Habsburg in König Ottokars Glück und Ende. —
11. «Nimia libertas (et populis et privatis) in nimiam servitutem cadit.»
                                               (Cic. d republ. I, 42.)
   12. Ein jeder baue nur mit Lust sein Zelt,
       So wird daraus mit Gottes Hilf ein Bau der Welt.
13. Maturitätsaufgabe.

III. Themata für die schriftliche Maturitätsprüfung.

1. Aus dem Deutschen:
   Gemeinsame Hilfe in gemeinsamer Noth
   Hat Reiche und Staaten gegründet:
   Der Mensch ist ein Einsamer nur im Tod,
   Doch Leben und Streben verbündet.» (Grillparzer.)
2. Übersetzung aus dem Deutschen ins Lateinische: Hintner-Nachbaucr,
   Sammlung No. 61. Pytagoras I, II, III —zuletzt aber —.
3. Übersetzung aus dem Lateinischen ins Deutsche: Cicero de officiis,
   III. Nr. 21—28—hi sibi nil iuris —.
4. Übersetzung aus dem Griechischen ins Deutsche: Platons Gorgias c. 80.
5. Mathematik-Aufgaben: a) Für eine Realität bietet A 40000 fl. bar
   und 50.000 fl. nach 15 Jahren ohne Zinsen zahlbar. B bietet 15 Jahre
   hindurch am Anfange jeden Jahres 6.000 fl. Welches Angebot ist für
   den Verkäufer günstiger und um wieviel, wenn er $4\frac{1}{2}\%$ Zinses-
   zinsen berechnet?
   b) Die zwei Kreise, welche durch den Punkt M (9, 2) gehen und
   die beiden Coorditurtenachsen berühren, seien die Grundkreise eines
   geraden Kegelstumpfes, dessen Seite gegen die Grundfläche unter einem
   Winkel von 72° 28′ 38″ geneigt ist. Es soll die Oberfläche und das
   Volumen des Kegelstumpfes berechnet werden.
   c) In einem Dreiecke ist der Winkel α doppelt so groß als der
   Winkel β; die Seiten a u. b ergeben sich aus den Gleichungen
   $a + b = 11$ u. $a^3 + b^3 = 407$. Es sollen die drei Seiten und der Flächen-
   inhalt des Dreieckes gesucht werden.

IV. Statistik der Schüler.

	I.	II.	III.	IV.	V.	VI.	VII.	VIII.	Zusammen
1. Zahl.									
Zu Ende 1897/98 . . .	59	35	48[1]	33	27	23[1]	25	19[2]	269[4]
Zu Anfang 1898/99	58	55	43	38	32	25	22[1]	21[1]	294[3]
Während des Schuljahres eingetr.	—	—	1	1	1	1	4	—	8
Im ganzen also aufgenommen	58	55	44	39	33	26	26[1]	21[1]	302[2]
Darunter:									
Neu aufgenommen, und zwar:									
aufgestiegen	51	6	3	1	3	3	4	0[1]	71[1]
Repetenten	2	1	1	—	1	—	—	—	5
Wieder aufgenommen, und zwar:									
aufgestiegen	—	47	31	38	29	23	22[1]	21	211[1]
Repetenten	5	1	9	—	—	—	—	—	15
Während des Schuljahres ausgetr.	21	14	8	3	2	—	1	—	49
Schülerzahl zu Ende 1898/99	37	41	36	36	31	26	25[1]	21[1]	253[2]
Darunter:									
Öffentliche Schüler . .	37	41	36	36	31	26	25	21	253
Privatisten	—	—	—	—	—	—	1	1	2
2. Geburtsort (Vaterland).									
Brixen	2	3	3	2	2	6	1	—	19
Tirol außer Brixen . . .	30	30	29	30	22	19	13	13[1]	186
Vorarlberg	2	5	1	2	5	1	7	5	28
Salzburg (Stadt) .	1	—	—	—	—	—	—	—	1
„ (Land) .	—	—	1	—	—	—	—	—	1
Kärnten	1	2	—	—	—	—	2	—	5
Steiermark . . .	—	—	—	—	1	—	—	—	1
Küstenland . . .	—	—	1	—	—	—	—	—	1
Krain	—	—	—	—	—	—	—	1	1
Ober-Österreich . . .	—	1	—	—	—	—	—	—	1
Nieder-Österreich . . .	—	—	—	1	—	—	1	1	3
Mähren	1	—	1	—	—	—	—	—	2
Baden	—	—	—	—	—	—	1	—	1
Baiern	—	—	—	1	1	—	—	—	2
Italien	—	—	—	—	—	—	—	1	1
Frankreich	—	—	—	—	—	—	0[1]	—	0[1]
Summe .	37	41	36	36	31	26	25[1]	21[1]	253[2]

	I.	II.	III.	IV.	V.	VI.	VII.	VIII.	Zusammen
3. Muttersprache.									
Deutsch	37	38	35	31	28	25	24	18¹	236¹
Italienisch (und Ladinisch)	—	3	1	5	3	1	1	2	16
Slovenisch	—	—	—	—	—	—	—	1	1
Französisch	—	—	—	—	—	—	0¹	—	0¹
Summe	37	41	36	36	31	26	25¹	21¹	253²
4. Religionsbekenntnis.									
Römisch-katholisch	36	41	36	36	31	26	25¹	21¹	252²
Evangelisch	1	—	—	—	—	—	—	—	1
	37	41	36	36	31	26	25¹	21¹	253²
5. Lebensalter (mit Ende Juli).									
10 Jahre	1	—	—	—	—	—	—	—	1
11 „	6	1	—	—	—	—	—	—	7
12 „	12	9	—	—	—	—	—	—	21
13 „	6	10	4	1	—	—	—	—	21
14 „	9	5	10	3	—	—	—	—	27
15 „	2	9	7	9	5	1	—	—	33
16 „	1	3	7	5	7	4	—	—	27
17 „	—	3	6	8	4	8	2	—	31
18 „	—	—	2	7	6	6	5	2	28
19 „	—	—	—	2	4	1	9¹	2	18¹
20 „	—	1	—	—	2	5	5	6¹	19¹
21 „	—	—	—	—	1	—	2	4	7
22 „	—	—	—	—	—	—	—	4	4
23 „	—	—	—	—	—	—	—	1	1
24 „	—	—	—	—	—	—	1	1	2
25 „	—	—	—	—	—	1	—	—	1
26 „	—	—	—	—	1	—	—	—	1
27 „	—	—	—	1	1	—	—	—	2
29 „	—	—	—	—	—	—	1	—	1
31 „	—	—	—	—	—	—	—	1	1
Summe	37	41	36	36	31	26	25¹	21¹	253²
6. Nach dem Wohnorte der Eltern.									
Ortsangehörige	5	8	7	6	4	7	5	·	42
Auswärtige	32	33	29	30	27	19	20¹	21¹	211²
Summe	37	41	36	36	31	26	25¹	21¹	253²

	Classe								Zusammen
	I.	II.	III.	IV.	V.	VI.	VII.	VIII.	
7. Classification.									
a) Zu Ende d. Schuljahr. 1898/99									
I. Fortgangsclasse mit Vorzug	5	7	4	9	10	7	6¹	10	58¹
I. „	25	24	25	19	19	18	18	11¹	159¹
Zu einer Wiederholungsprüfung zugelassen	3	4	1	3	—	—	1	—	12
II. Fortgangsclasse	4	5	5	5	2	—	—	—	21
III. „	—	1	1	—	—	—	—	—	2
Zu einer Nachtragsprüfung krankheitshalber zugelassen	—	—	—	—	—	1	—	—	1
Außerordentliche Schüler	—	—	—	—	—	—	—	—	—
Summe	37	41	36	36	31	26	25¹	21¹	253²
b) Nachtrag z. Schuljahr 1897/98.									
Wiederhol.-Prüf. waren bewilligt	5	—	3	—	1	—	—	—	9
Entsprochen haben	5	—	3	—	1	—	—	—	9
Nicht entsprochen (od. nicht erschienen sind)	—	—	—	—	—	—	—	—	—
Nachtragsprüf. waren bewilligt	—	—	2	—	—	—	—	0¹	2¹
Entsprochen haben	—	—	—	—	—	—	—	—	—
Nicht entsprochen haben	—	—	1	—	—	—	—	—	1
Nicht erschienen sind	—	—	1	—	—	—	—	0¹	1¹
Darnach ist d. Endergebnis 1897/8									
I. Fortgangsclasse mit Vorzug	11	10	9¹	13	10	3¹	10	5	71²
I. „	38	23	29	20	16	20	15	14¹	175¹
II. „	8	1	7	—	1	—	—	—	17
III. „	2	1	2	—	—	—	—	—	5
Ungeprüft blieben	—	—	1	—	—	—	—	0¹	1¹
Summe	59	35	48¹	33	27	23¹	25	19²	269⁴

8. Geldleistungen der Schüler. Das Schulgeld zu zahlen waren
verpflichtet: im I. Sem. 153, im II. Sem. 134; zur Hälfte waren befreit:
im I. Sem. 20, im II. Sem. 23; ganz befreit waren: im I. Sem. 120, im
II. Sem. 122. Das Schulgeld betrug im ganzen 1888 fl. Die Aufnahmstaxen betrugen 157 fl. 50 kr. Die Lehrmittelbeiträge betrugen 391 fl. 50 kr.
Die Taxen für Zeugnisduplicate betrugen 2 fl.

9. Stipendien. Anzahl der Stipendisten 22. Gesammtbetrag der
Stipendien 2009 fl. 9 kr.

V. Maturitätsprüfung im Jahre 1897/98.

Die mündliche Prüfung wurde am 8., 9. u. 11. Juli unter dem Vorsitze des k. k. Landesschulinspectors *Victor Leschanofsky* abgehalten. Derselben unterzogen sich 17 öffentl. Schüler und ein Privatist.

Erfolg der Prüfung: Reif mit Auszeichnung 2, reif 9 + 1; 2 wurde eine Wiederholungsprüfung nach 2 Monaten bewilligt (1 davon hat sie bestanden), 2 wurden auf 1 Jahr reprobiert, 1 trat während der Prüfung zurück und bei 1 blieb die Prüfung unvollendet.

Verzeichnis der approb. Abiturienten.

(* mit Auszeichnung.)

Namen der Abiturienten	Geburts-		Gewählter Beruf
	Ort	Jahr	
Aichner Josef Anton . .	Meran	1876	Philosophie.
*Aßlaber Peter	Windischmatrei	1877	Theologie.
Fritz Franz Josef . . .	Wald-Dalaas (Vorarlb.)	1876	Theologie.
*Kaderzawek Julius Josef .	Lindau (Baiern)	1879	Theologie.
Köll Johann	Roppen	1879	Theologie.
Kostner Albert	Sterzing	1876	Jus.
Kuprian Alois Hermann .	Tarrenz	1877	Theologie.
Oberhammer Clemens . .	Innsbruck	1879	Theologie.
Prenn Friedrich	Bruneck	1878	Philosophie.
Santer Carl	Schruns (Vorarlb.)	1877	Ordensstand.
Wunderer Johann . . .	Sarnthein	1878	Medicin.
Zangerle Franz	Wens	1878	Theologie.
Privatist:			
Khayl Rudolf Ludwig . .	Unter-Döbling (N.-Öst.)	1878	Jus.

VI. Vermehrung der Lehrmittel.

Geschenke:

Das hohe k. k. Ministerium für C. u. U. spendete: Unser Kaiser, ein Gedenkbuch der fünfzigjährigen Regierung zugleich ein Lebens- und Charakterbild Kaiser Franz Josef I. Die hohe k. k. Statth.: Die österr. botanische Zeitschrift, Jahrgang XLIX.: Bodensee-Karte. Denkschriften der kaiserl. Akademie der Wissenschaften. Sitzungsberichte der philosoph. histor. Cl. Bd. 137 Archiv 84. Bd., 2. Hälfte Der löbl. Ausschuss des Ferdinandeums sendet seit Jahren seine periodisch erscheinende Zeitschrift; ebenso das Hochwürdigste f. b. Ordinariat das Diöcesan-Blatt. Schulbücher spendeten Se. kgl. Hoheit Prinz Elie v. Parma und die Schüler des vorjährigen achten Curses. Einen Jahrgang Alte und Neue Welt und Stadt Gottes spendete der Hochw. Dr. J. Chr. Mitterrutzner; Herr v. Mörl: Pfarrer Jos. Maurer, Schriftsteller u. Dichter. Die Höhlen und Ureinwohner Europas, v. Boy d'Dankins; die ersten Menschen und die prähistorischen Zeiten.

Ankauf:

Lehrerbibliothek.

Mittheilungen des Institutes für österreichische Geschichtsforschung 1899. Petermanns Mittheilungen Band 45. 1899. Jahrbuch der Naturwissenschaften Jahrg. 1898/99. Nagel und Zeidler, Literaturgeschichte. Unter Habsburg Kriegsbanner. Schönbach, die Anfänge des Minnesanges. Cicero, Milo von Bouterwech. Stifters Werke I./II. Stimmen aus Maria Laach. Das Gymnasium, literarische Zeitschrift. Elster, Principien der literarischen Wissenschaft I. Lindemann, Literaturgeschichte III. Band. Zeitschrift für deutschen Unterricht. Instructionen für den Unterricht in den Realschulen. Rapp, Königin Magdalena. Je sechs Exemplare der Platon-Ausgabe von Hermann Wohlrab: — Für Geographie und Geschichte: Österr.-Ungar. Monarchie Jahrg. 291/313 314. Histor. Wandatlas Nr. 1—10. von Sprunner und Bretschneider. Historische Bilder von Langl. 7. Wandbilder für geschichtlichen Unterricht von Lohmeyer. 8. Wandbilder österr. Geschichte von Rusch und Gerasch. Wandkarte v. Altitalin. Wandkarte von Altgriechenland; Wandtafel, Hauptform C. Karte von Asien. Hölzl, Charakterbilder. Für das naturhistorische Cabinet wurden angekauft: Fauna austriaca von Rettenbacher. Franz Anzinger, die unterscheidenden Kennzeichen der Vögel Mitteleuropas. Typus einer Pflanzenzelle aus Gelatine.; 15 ausgestopfte Säugethiere; 2. Spiritus-Praeparate (Myriapoden) 51 ausgestopfte Vögel. Geschenkt v. Se. kgl. Hoheit Prinz v. Parma 1 Auerhahn. Von General A. v. Guggenberg 1 Cete und 1 Möve. Von Herrn Port: 1 Gemse, 1 Murmelthier, 3 Eichhörnchen 5 ausgestopfte, Vögel. Herr Port hat sich auch freundlichst angeboten fernerhin die Ausstopfung von Thieren zu besorgen. Hochw. Herr Romedius Larcher schenkte der Anstalt 28 Stücke brasilianischer Schmetterlinge. Sonntag, Student des IV. Curses, verehrte 32 Schneckenarten.

Schülerbibliothek. Willomitzer, deutsche Grammatik. Hauler, Übungsbuch, I. Theil. Zingerle, Livius. Lampel, Lesebuch, VIII. Gindely, Geschichte für Obergymnasium. Scheindler, Sallusti Bellum Jugurthinum. Hauler, Moduslehre, II. Theil; Casaris de bello Gallico von Praemmer. Valentin, Lehrbuch der Physik. Hocevar, Übungsaufgaben, II. Heft. Schneller, Südtirol Landschaften.

VII. Zur Chronik des Gymnasiums.

Das Schuljahr 1898/99 wurde am 19. September in üblicher Weise eröffnet. In die I. Classe traten nach vorausgegangener Aufnahmsprüfung 58 Schüler ein. Die Anzahl aller Inscribierten belief sich auf 294².

Am 19. Sept. wohnten alle Professoren und Schüler des Gymnasiums dem Pontificalamte für weiland Ihre Majestät der Kaiserin Elisabeth bei.

Am 4. October als dem Allerhöchsten Namensfeste Sr. Majestät des Kaisers wohnten die Schüler dem Festgottesdienste im Dome bei.

Am 5. October betheiligten sich die Professoren Jochum, Vallazza, Meusburger am Pilgerzuge nach Jerusalem. Mit Genehmigung des Landesschulrathes vom 30. Sept. 1898 Nr. 3496 hatten inzwischen die Güte die Supplentur zu übernehmen: P. Willibald Rubatscher, emerit. Professor (vide supra Schulnachrichten), Latein in der I. Classe. Der Hochw. Provinzial der Franziscaner, P. Joachim Schroffenegger, Griechisch und Latein im VII. und VIII. und Latein im VIII. C. P. Erich Themel, Lehramtscandidat, Mathematik im I.—IV. C. Herr Georg Scharf, Professor im f. b. Vincentinum, Mathem. u. Physik im VII. C. Herr Aldobrand Weissteiner, Professor (beurlaubt), Latein im V. C. Professor Hartmann Ammann, Deutsch in der I. Cl., denen allen hiemit für die gütige Aushilfe bis 1. Nov. der herzlichste Dank ausgedrückt wird.

Am 19. November (Ferialtag) dem Namensfeste weiland Ihrer Majestät der Kaiserin Elisabeth, wurde in der Studentenkirche ein Seelengottesdienst gehalten. Am 2. December als am Tage, an dem Se. Majestät der Kaiser das fünfzigjährige Regierungsjubiläum feierte, legte in der Gymnasialkirche Dr. Nikolaus Nessler mit begeisterten Worten die Bedeutung des Tages und der Regierung Sr. Majestät des Kaisers Franz Josef I. dar. Nach Absingung der ersten Strophe der Volkshymne begaben sich Professoren und Schüler in den Dom zum Pontificalamte mit darauffolgendem Te Deum, worauf vom Director im Gymnasium in Beisein der Schüler den Professoren die Jubiläums-Erinnerungs-Medaillen übergeben wurden. Die Feier wurde mit Absingung der Kaiserhymne geschlossen. Am 11. Februar wurde das I. Semester geschlossen, am 17. das II. Semester begonnen.

Am 1. Mai machten die einzelnen Classen mit ihren Ordinarien einen Ausflug.

Am 21. Mai starb in Trient der Student des I. Curses Defant Norbert.

Vom 5.—9. Juni wurden die schriftl. Maturitätsprüfungen abgehalten.

Am 13. Juli wurde das Schuljahr geschlossen und am 14. begannen die mündlichen Maturitätsprüfungen unter dem Vorsitze des Schulrathes Dr. Adolf Nitsche, Director des k. k. Staatsgymnasium in Innsbruck.

Der Gesundheitszustand der Studenten war in dem abgelaufenen Schuljahre im ganzen sehr befriedigend. Es kamen zwar mehrere Krankheitsfälle vor, die aber alle glücklich behoben wurden. Zur Pflege der Gesundheit trugen bei der Eislauf im Winter, das Schwimmen im Sommer und die Spaziergänge im Freien; gibt es doch in der nächsten Nähe der Stadt mehrere Tummelplätze, die vielfach benützt wurden, obwohl für geregelte Jugendspiele kein geeigneter Platz sich findet.

VIII. Voranzeige für das kommende Schuljahr.

Im Schuljahre 1899/1900 finden am 15. u. 16. September die Aufnahms- und Wiederholungsprüfungen statt; Schüler, die solche zu machen haben, haben sich am 14. abends hier einzufinden, damit am 15. um 8 Uhr früh die Prüfung sofort beginnen kann. Am 18. ist das hl. Geistamt; darauf beginnt nach Bekanntmachung der Gymnasial-Statuten der regelmäßige Unterricht. Alle Schüler, welche neu in die I. Classe eintreten, haben 1. den legalen Taufschein und das Schulzeugnis des letzten Jahres mitzubringen, 2. sich einer Aufnahmsprüfung zu unterziehen. Bei dieser wird gefordert: a) jenes Maß von Wissen in der Religion, welches in den ersten vier Jahrescursen der Volksschule erworben werden kann. b) Fertigkeit im Lesen und Schreiben der deutschen Sprache und der lateinischen Schrift; Kenntnis der Elemente aus der Formenlehre der deutschen Sprache; Fertigkeit im Analysieren einfacher bekleideter Sätze. c) Übung in den vier Grundrechnungsarten in ganzen Zahlen.

Einer Aufnahmsprüfung haben sich auch jene Schüler zu unterziehen, welche, von einer Privat Lehranstalt kommend, hier weiterstudieren wollen. Diese haben eine Prüfungstaxe von 12 fl. zu entrichten.

Schüler, die von einem anderen Gymnasium an diese Lehranstalt übertreten, haben nebst der Bestätigung der vorschriftsmäßigen Abmeldung sämmtliche Gymnasial-Zeugnisse vorzulegen.

Um der Wiederholung vorgekommener Missverhältnisse vorzubeugen, werden Eltern und Vormünder der Studenten aufmerksam gemacht, dass nach der Anordnung der Direction die Studentenwohnungen als Monatzimmer zu betrachten sind, deren Miete den Zeitraum vom ersten bis zum letzten Tage eines jeden Monats umfasst (k. k. Statth. für Tirol und Vorarlb. v. 3. Febr. 1892). Im Falle eines Quartierwechsels ist die Wohnung binnen 14 Tagen nach dem Beginne des Monats zu künden. Die Zeit vom 15. Sept. bis 1. Oct. ist in diesem Falle eigens zu berechnen.

Von dieser Auffassung der Wohnungsverhältnisse der Studenten in hiesiger Stadt werden zugleich auch die Mietgeber verständigt.

Schließlich spricht die Direction im Namen des Lehrkörpers und der Schüler allen freundlichen Gönnern der Lehranstalt und großmüthigen Wohlthätern der Studierenden den wärmsten Dank aus.

Brixen, 7. Juli 1899.

Leo Unterberger,
Director.

NB. Dieses Gymnasium nimmt nur jene Schulprogramme im Tausche entgegen, welche in deutscher, latein. oder ital. Sprache abgefasst sind.